Adrienne Friedlaender

MAMI IST DIE BESTE!
MEISTENS

Über das wilde und wunderbare Leben mit Jungs

W0041876

blanvalet

Alles persönlich Erzählte beruht auf wahren Begebenheiten.
Es sei mir allerdings verziehen, wenn ich in der Erinnerung
vielleicht die eine oder andere Szene dem falschen Sohn zugeordnet habe.
Bei vier Jungs kann man schon mal durcheinanderkommen.
Ähnlichkeiten mit lebenden Personen sind deshalb durchaus beabsichtigt
und unvermeidbar, fast alle Namen aber habe ich frei erfunden.

Sollte diese Publikation Links auf Webseiten Dritter enthalten,
so übernehmen wir für deren Inhalte keine Haftung,
da wir uns diese nicht zu eigen machen, sondern lediglich auf
deren Stand zum Zeitpunkt der Erstveröffentlichung verweisen.

Penguin Random House Verlagsgruppe FSC® N001967

1. Auflage 2023
Copyright © 2023 by Blanvalet
in der Penguin Random House Verlagsgruppe GmbH,
Neumarkter Straße 28, 81673 München
Redaktion: Angela Kuepper
Umschlaggestaltung und -motiv: www.buerosued.de
WR · Herstellung: sam
Satz: Uhl + Massopust, Aalen
Druck und Bindung: CPI books GmbH, Leck
Printed in the EU
ISBN 978-3-7645-0785-5

www.blanvalet.de

*Eine Hand im Matsch
und eine Hand im Himmel*

Von einer ganz besonderen Liebe

*Für Justus, Jonah,
Juri und Johann*

Inhalt

7

einer Quizshow: Wer kann sein Auto mit verbundenen Augen
sicher zum nächsten Krankenhaus lenken? – da wäre ich ganz
weit vorn.

Wie erzieht man Jungs zu Männern? Werden Frauen
eigentlich mit dem Wischmopp in der Hand geboren,
und was genau bedeutet stärkenbasiertes Arbeiten?
Über artgerechte Mütterhaltung und warum ich
nicht mehr heimlich am Schreibtisch arbeite.

Wie ich lernte, die wortlose Sprache der Jungs zu
entschlüsseln. Das »Sieben-Wörter-Geheimnis« und
über den langen Prozess bis zur Einsicht: Manchmal
rede ich wirklich zu viel.

Wann gibt es Essen? Die Frage treibt manche Mutter zur
Verzweiflung. Was ist da bloß los im Körper der Jungs?
Wie kriegen wir unsere Söhne satt? Jungs zu füttern, das fühlt
sich an, wie Sand in einen Eimer zu füllen, der unten ein
massives Loch hat …

9

nicht überleben könnten? Wie kann ich meine wilden Kerle
behüten, ohne sie auszubremsen oder meine Ängste auf sie zu
übertragen?

Vorwort
»Es wird ein Junge!« –
erst eins, dann zwei, dann drei,
dann vier ...

Was hat das Schicksal sich bloß dabei gedacht, einer wie mir vier Söhne hintereinander zu schenken? Ich meine, man setzt doch auch niemanden mit Mofa-Führerschein in einen Ferrari. Als ich zum ersten Mal schwanger wurde, war ich felsenfest davon überzeugt, ein Mädchen zu bekommen. Nicht, weil ich mir keinen Sohn gewünscht hätte, sondern einfach deswegen, weil ich aus einer Mädchenfamilie kam und mir schlichtweg nichts anderes vorstellen konnte. Natürlich ist das bei einer Fifty-fifty-Chance vollkommen unlogisch und spricht sogar gegen die Statistik. Aber wer denkt schon rund um die Uhr logisch – vor allem, wenn die Schwangerschaftshormone durch den Körper galoppieren. Auf meiner Wunschbaby-Namensliste standen »Anouk«, »Eva« und »Emma«. Und ich träumte von Töchtern, die summend die Teppichfransen kämmen und aus Bananenschalen Blumenmuster legen. Ich war vorbereitet auf mein Mädchenmutter-Leben: Sobald sie laufen könnten, würde ich ihnen das Reiten beibringen, so wie ich es früher gelernt hatte – die meisten Mädchen sind doch vernarrt in Pferde. Ich wusste, wie es sich anfühlt, wenn Mädchen sich streiten, wenn sie ihre gemeine Ader ausleben, indem sie der Lieblingspuppe der Schwester einen Kurzhaarschnitt verpassen oder sie am Bett aufhängen. Ich wusste, was es mit einem macht, wenn sie eine Bürste unter das Laken legen oder beim Versteckspielen ewig hinterm Busch sitzen, weil eben gar nicht nach ihnen gesucht wird ... In allen Mädchen-Lebenslagen würde ich Trost spenden können. Ich sah mich Zöpfe flechten, Ponys striegeln, Fußnägel lackieren, auf dem Bett liegen und Liebesschnulzen gucken. Bis zur Ultraschalluntersuchung.

»Ihr Baby liegt fantastisch und zeigt sich uns gerade prächtig. Möchten Sie gern wissen, was es wird?«, fragte die Ärztin, während sie die Sonde über meinen Bauch gleiten ließ. Mit einem wissenden Lächeln nickte ich ihr zu.

»Sie bekommen einen Jungen«, sagte sie und lächelte.

Für einen kleinen Moment guckte ich leicht bedröppelt aus der Wäsche. Dann schlug mein Erstaunen in Freude um: Wahnsinn! Was für ein überraschendes Abenteuer! Ich bekam einen Sohn! Erwartungen, Wünsche und Pläne hatten sich innerhalb von Sekunden in Luft und Liebe aufgelöst. Glück ist nun mal nicht planbar.

Ein paar Monate später war er da: ein 51 Zentimeter blau angelaufenes, verrunzeltes, glitschiges Glück. Kaum lag er auf meinem Bauch, war ich schockverliebt.

Und so ging es weiter: Zwei Jahre später wurde Sohn Nummer zwei geboren. Ich wollte gern eine junge Mutter sein. Sechs Jahre danach sah ich das ganz anders und freute mich sehr über Sohn Nummer drei, und last but not least kam mit Abstand von wiederum vier Jahren Sohn Nummer vier zur Welt. Vier wilde Jungs, die jeden Morgen mit einer Energie aus dem Bett sprangen, als hätten sie nicht Schlaf, sondern

Strom getankt. Als die Tochter meiner Freundin anfing zu sprechen, war ihr erstes Wort »Mama« – einmal heraus, wiederholte sie es wie aufgezogen, während sie ständig wie festgeklebt am Mutterhals hing, sie küsste und streichelte. Das erste verständliche Wort aus dem süßen Mund von Sohn Nummer eins war »Ball«, und statt kuschelig auf meinem Schoß zu sitzen, tobte er, sobald er laufen konnte, wie ein Tornado durchs Haus. Mal als Polizist, mal als Cowboy, mal als Bankräuber – immer bewaffnet. Oft mit Bananen – »peng!« Und das war erst der Anfang meines Lebens unter Männern.

Der Alltag mit vier Söhnen unter einem Dach fühlt sich selbst heute manchmal noch so fremd an wie ein Leben im Zoo. Auch beim zigsten Spaziergang durch den Tierpark Hagenbeck staune ich über das Gerangel der dominanten Mandrill-Männchen, über die ewig Futter suchenden Nasenbären und die kraftvollen, majestätischen Löwen. So werde ich wohl auch nie begreifen, warum meine Jungs sich statt einer Umarmung gern zur Begrüßung in die Seite knuffen, und zwar heftig. Und meine Jungs werden nie verstehen, warum ich lieber am hübsch gedeckten Tisch zu Abend esse und unbedingt über die Erlebnisse des Tages sprechen möchte, wo es doch viel gemütlicher ist, mit dem Teller auf dem Schoß vom Sofa aus Ballerfilme zu gucken. Vertraut und nah sind wir uns und dennoch manchmal fremd.

Nach über 25 Jahren Muttererfahrung weiß ich: Viele Jungs toben testosterongepeitscht durchs Leben, bescheren Schutzengeln Überstunden und ihren Müttern schlaflose Nächte plus graue Haare. Mädchenmutter und Jungsmutter – das ist in den meisten Fällen so, als würde man ein Bad im See an einem lauen Sommernachmittag mit einem Sprung in den Ozean bei Windstärke fünf vergleichen. Wobei: Ausnahmen bestätigen bekanntlich die Regel.

Heute sind drei meiner Jungs volljährig, die Hälfte von ihnen ist bereits ausgezogen. Während sie in ihr Erwachsenenleben starten, frage ich mich: Habe ich ihnen alles mitgeben können, was es für den neuen Lebensabschnitt braucht? Mit welchen Gedanken und Gefühlen verlassen sie ihr Elternhaus? Wie erzieht man als Frau Jungs zu glücklichen Männern? Und: Welche Tricks gibt es, um zwischen diesen wunderbaren Wilden zu überleben?

Ich habe genauso viele »Jungs-verstehen«- und Erziehungs-Ratgeber im Regal wie Fußbälle im Garten. Aber ich kann ja auch nicht fliegen, egal wie viele Vogelbücher ich gelesen habe … Und immer wenn ich glaube, etwas begriffen zu haben, heißt das noch lange nicht, dass das für alle Söhne funktioniert. Denn auch wenn Jungs ganz allgemein eine fremde Spezies für mich sind, gibt es unter ihnen viele Unterschiede – genau wie bei Hunden. Während ein Basset Hound lieber faul auf dem Sofa liegt, rettet der Neufundländer leidenschaftlich gern Ertrinkende. Also überlasse ich das Ratgeberschreiben anderen und öffne dafür lieber die Tür zu meinem Leben und meinen Gedanken: Wie habe ich verarbeitet, dass ich, ob im HSV-Stadion oder als Kantinenmutter, überwiegend peinlich bin? Lässt sich Jungsfreizeit artgerecht und gleichzeitig mutterkompatibel gestalten? Wie kommuniziert man mit Jungs, die Schweigen viel attraktiver finden als Reden? Und wie überlebe ich mein »An-den-Herd-gekettet-Sein« im Kampf gegen den unstillbaren Hunger? Muss ich als allein lebende Mama den Mann in mir entdecken, um mich durchzusetzen und ein gutes Vorbild zu sein? Und wie gehe ich um mit den häufig so vorwurfsvoll-schrägen Blicken, die mir als mehrfache Jungsmutter von anderen Müttern, Lehrern, Spießern zugeworfen werden, wenn es mal wieder etwas wilder und lauter zugeht? Frei nach dem Motto: Du hast ein fehlerhaftes Wesen auf die Welt gebracht – sieh mal zu, dass du das jetzt zum Funktionieren bringst. Und es sind keineswegs nur Blicke, die ich in den vergangenen Jahren ertragen musste. Die Hitliste der lieblosen und unverschämten Bemerkungen ist lang: Als ich mit Sohn Nummer vier schwanger war, musste ich mir tatsächlich anhören:»Das war doch sicher ein Unfall, oder?«

Unfall? Fassungslos schaute ich mein Gegenüber an. In den letzten fünf Monaten hatte ich sechs verschiedene Schwangerschaftstests gemacht. Beim letzten Mal war ich sogar noch mal losgelaufen und hatte gegen den Rat des Apothekers einen weiteren Test gekauft. Ich war einfach nicht bereit gewesen, das negative Ergebnis zu akzeptieren. Als der Test ein paar Monate später dann wirklich »positiv« anzeigte, war ich die glücklichste Frau unter dem Hamburger Himmel. Und das sollte ein Unfall sein?

Die Erste, die von meinem Glück erfuhr, war die Sprechstundenhilfe beim Zahnarzt, als ich anrief, um die geplante Krone zu verschieben. Ich hatte recherchiert: Zu viel Stress und Adrenalinausstoß auf dem Behandlungsstuhl könnten eine Fehlgeburt auslösen. Und ich stoße schon beim Öffnen des Mundes für die Kontrolluntersuchung mehr Adrenalin aus als eine Antilope, die vor einem Gepard flüchtet.

Ein paar Monate später beugte sich dann beim Bäcker tatsächlich eine Frau aus der Nachbarschaft über den Kinderwagen und sagte:»Schon wieder ein Junge? Sie Ärmste! Dann müssen Sie wohl weiterüben.« Sie blinzelte mir zu und ging davon, während ich mit Tränen in den Augen zurückblieb.

Was denken sich Menschen dabei, einer werdenden Mutter solche Bewertungen vor den Bauch zu werfen? Anhören musste ich mir auch: »Noch ein Junge – oh, wie schade. Da bist du bestimmt enttäuscht, oder?« Und: »Ein Junge, na ja, Hauptsache gesund.« Solche absurden Kommentare kommen keineswegs nur von Außenstehenden. Im Geburtsvorbereitungskurs hörte ich einmal, wie eine werdende Mutter einer anderen zuflüsterte: »Ich bin so froh, dass ich ein Mädchen bekomme.« Diese antwortete sogleich: »Das verstehe ich gut. Mir tun die Jungsmütter auch leid.«

Wie traurig. In vielen Ländern ist es genau umgekehrt: Da wird die Geburt eines Jungen mit Freudenschreien begrüßt, Mädchen hingegen werden von Anfang an vernachlässigt, benachteiligt oder sogar abgetrieben. Aber der Wert, der Jungs und Mädchen zugemessen wird, scheint nicht nur kulturabhängig zu sein, sondern variiert sogar in der eigenen Familie. Meine fünfundneunzigjährige Mutter erzählte noch bis zu ihrem Tod im Jahr 2021 bei jeder Gelegenheit: »Du hast ja so ein Glück gehabt mit deinen vier Jungs. Das ist eine großartige Leistung. Du kannst wirklich sehr stolz sein. Wie sehr hätte ich mir das gewünscht!« Das verstehe ich weder als Mutter noch als ihre Tochter.

Sind Jungs irgendwann unbemerkt zu Kindern zweiter Klasse geworden? Und wenn ja, warum? Viele meinen, dass in den Hinterköpfen der Eltern nach wie vor Stammhalterträume kursieren, dass Jungs deshalb mehr geschätzt werden als Mädchen, aber die Realität sieht ganz anders aus. Ich spreche jetzt nicht über Aussagen wie: »Mädchen kann man einfach hübscher anziehen oder ihnen schöner die Haare frisieren.« (Gibt es!) Das vorschnelle Urteil über Jungs lautet: Sie sind wild, laut, schlechter in der Schule, oft aggressiv. Und später sind sie sowieso weg und kümmern sich nicht um die Oma. Da werden den Kindern schon Verhaltensmuster aufgedrückt, bevor sie überhaupt auf der Welt sind, und das mit gravierenden Folgen.

Bei der Arbeit an meinem Buch habe ich manchmal gedacht: Oje, das hört sich ja in manchen Kapiteln echt so an, als hätte ich noch nie etwas von Gender Mainstreaming oder Gleichstellung gehört. Deshalb möchte ich an dieser Stelle erklären: Ich habe über meine ganz individuellen Erfahrungen und Erlebnisse mit meinen Söhnen geschrieben, und das natürlich in dem Wissen, dass jedes Kind anders ist und sein darf. Es wird sicher Jungsmütter geben, die beim Lesen wie Wackeldackel zustimmend mit den Köpfen nicken, andere haben vielleicht ganz andere Erfahrungen gemacht. Tatsache ist: Ob Mädchen oder Junge, ob binär oder nicht-binär – jeder Mensch ist anders.

Ich habe mir jedenfalls weder Jungs noch Mädchen gewünscht, sondern Kinder! Und ja, ich habe mir, vielleicht aus meiner Schwestererfahrung, keinen Jungen vorstellen können und hätte mich jederzeit auch über ein Mädchen gefreut. Einfach wegen der anderen Erfahrung, des bunteren Familienlebens. Alles andere wäre gelogen. Doch niemals habe ich eine Sekunde gehadert mit meinen wunderbaren Wilden. Auf unverschämte Fragen wie »Hand aufs Herz. Vermisst du denn keine Tochter?« werde ich künftig kontern: Du standest doch früher immer so auf Fußballspieler. Wieso hast du denn einen Juristen geheiratet?

Im Laufe der Zeit habe ich begriffen, dass das Anfüttern von Muskeln für meine Söhne genauso wichtig ist wie die Aufnahme geistiger Nahrung. Ich durfte erleben, dass es Jungs in ihrer Entwicklung zum Mann keineswegs schadet, gekuschelt und geliebt zu werden. Und – für Frauen oft besonders schwierig – ich lernte, dass man sich eben doch auch sehr nah sein kann, ohne viele Worte zu machen.

Das Leben mit Jungs verändert einen. Nachhaltig. Was habe ich von meinen Jungs gelernt? Und was würde ich heute anders machen, wenn ich noch einmal als Jungsmutter den Kreißsaal verlassen dürfte?

Darum und um vieles mehr geht es in diesem Buch. Und nein, ich mache auch heute noch nicht mit beim Muskel-Wettposen vor dem Spiegel oder beim »Ching-Chang-Schmerz«-Spiel. Lieber halte ich eine Packung Pflaster bereit. Und schon lange frage ich nicht mehr nach dem »Warum«, wenn es unter meinen Söhnen wieder einmal sehr ruppig zugeht. Denn ich weiß, dass es zum Jungsleben gehört wie Blitz und Donner zum Gewitter, einem wunderbaren Naturschauspiel. Wie ich zu der Einstellung gekommen bin? Ach, folgen Sie mir doch durch die nächsten Kapitel. Hier verrate ich nur so viel: Es war ein langer Weg.

1

Ob Rennfahrerin oder Piratin – als ewige Versagerin unterwegs in der Jungswelt

Vom Baustellenkino und Polizei-Service bis zum Lasertag-Geburtstag: Wie ich es geschafft habe, Jungswünsche artgerecht zu erfüllen – und dabei die Abenteurerin in mir entdeckte

Die Mallorca-Sonne schien vom Himmel, bei einem Café con leche saßen mein erster Ehemann und ich mit Freunden zusammen in einer romantischen Taverne im Schatten der Pinien. Sohn Nummer eins krabbelte auf Entdeckungstour zufrieden um uns herum. Aufmerksam inspizierte er Pinienzapfen, Zweige, die bunten Steine auf der Terrasse. Kinder entdecken die Welt. So soll es sein, nicht wahr? Strahlend vor Stolz präsentierte er mir schließlich mit seiner kleinen dreckigen Hand einen ganz besonderen Fund. »Guck, Mama, ein Ball!«, sagte er und steckte ihn umgehend in den Mund. Es dauerte nur eine Sekunde, bis mein Hirn den »Ball« identifiziert hatte. In diesem Urlaub hatte ich schon zig Asseln gesehen, die sich bei Bedrohung zu einer reglosen Kugel zusammenrollten. Ich sprang auf und griff in den Mund meines Sohnes, um das Krebstier herauszufischen. Zu spät. Er hatte den »Ball« bereits verschluckt. Als Nächstes erinnere ich mich nur noch daran, dass meine Freundin Eva schlagartig den Kaffeelöffel fallen ließ und blass um die Nase wurde, während ich gegen einen Würgereiz ankämpfte.

Ob er das Verhalten unserem Hund abgeguckt hatte, der Bälle einfach nur zum Fressen gern hat? Damit sind wir jedenfalls schon bei einem der Themen, die Jungs bewegen. Jungs und Bälle gehören zusammen wie Hund und Knochen. Wie Strand und Meer oder wie Harry Potter und sein Zauberstab. Auch wenn mir nach einigen Tagen nicht mehr automatisch schlecht wurde, wenn mein Sohn »Mama, Ball« rief, fehlt mir bis heute jegliche Begeisterung für Ballspiele aller Art, von Talent ganz zu schweigen. Zig Jahre später erging es mir ebenso mit Autos: »Du bist der blaue Lotus und ich der rote Lamborghini Marzal. Meiner hat hundertfünfundsiebzig PS und deine lahme Elise-Schnecke nur hundertdreißig. Damit kriegst du mich nie! Los, wir machen ein Wettrennen«, rief Sohn Nummer vier, damals fünf Jahre alt. Und schon schob er sein Modellauto über den Teppich mit Straßenmuster, begleitet von Tönen, die quietschende Reifen und Motorengeheul nachahmten, wobei die Spucke nur so um seinen süßen Mund sprudelte.

Mal ganz abgesehen von dem Wissen um die technischen Daten – aus welcher Schublade ihres Sprachzentrums holen Jungs eigentlich die Begleitgeräusche zu startenden Flugzeugen, Autorennen und Maschinengewehrsalven? Ich klang bei dem Versuch, meinem blauen Lotos mit Geräuschen Leben einzuhauchen eher wie ein defekter Stabmixer, was mein Sohn auch sofort kommentierte: »So doch nicht! Du musst viel schneller fahren und so welche Geräusche machen.« Erneut demonstrierte er ein Potpourri von Formel-1-Lauten. »Achtung, ich überhole dich jetzt.« Ein weiterer Schwall dröhnender Motorengeräusche bombardierte meine Ohren, während mein Jüngster seinen Rennwagen an mir vorbeiflitzen ließ. Beim Überholmanöver drängelte er mich brutal aus der Spur, dabei funkelten seine Augen triumphierend.

Ich fühlte mich auf dem Straßenteppich im Kinderzimmer wie eine Turmspringerin beim Kraulschwimm-Wettbewerb: fehl am Platz. Ich meine, nicht mal als Kind hatte ich mich dafür begeistern können, kleine Autos hin- und herzuschieben. Warum sollte also mit über vierzig meine Begeisterung dafür aufploppen?

»Motorpanne! Ich muss die Werkstatt anrufen«, verkündete ich deshalb, schob meinen Lotus an den Teppichrand, drückte meinem Sohn einen Kuss auf die Stirn und floh aus dem Spielzimmer.

»Okay«, murmelte er kurz, war dann aber sofort wieder in sein Spiel vertieft und ließ sein Fahrzeug um die nächste Kurve rasen.

Nicht nur als Rennfahrerin war ich kein Naturtalent, auch als Playmobilpiratin kaperte ich die feindlichen Schiffe wenig überzeugend. Bei der Verbrecherjagd machte ich als Polizistin keine gute Figur, und von meiner Performance als schwertschwingende Ritterin will ich gar nicht erst anfangen. Selbst als Tyrannosaurus Rex im Kampf mit dem gefährlichen Velociraptor musste ich harsche Kritik einstecken: »Dein Dinosaurier hüpft wie ein Hase, das kann der gar nicht. Und so welche Vogelgeräusche macht der auch nicht. Der brüllt wie ein Tiger, wenn er kämpfen will.« In allen Spieldisziplinen erhielt ich höchstens zwei von zehn möglichen Punkten. Warum? Nun ja, sehr oft fühlte ich mich wie in nicht artgerechter Beschäftigung. Irgendwie hatten neunzig Prozent der Dinge, die um mich herum geschahen, wenig mit meinem Frauenleben zu tun. Manchmal träumte ich damals davon, in einem weißen Hosenanzug und auf dazu passenden High Heels durch den Tag zu schweben. Stattdessen lief ich meist in Jeans, Hoodie und mit Sneakers durch die Wohnung. Alles andere wäre lebensgefährlich gewesen – für die Klamotten. Unsere Einrichtung war, wollen wir mal sagen, stabil. Meine erste Reisereportage hatte ich auf einem Containerschiff geschrieben. Ich wohnte damals in einer kleinen Kabine: Schlafkoje, Tisch, Stuhl – alles festgeschraubt. Ähnliche Möbel hätte ich mir auch für unser Wohnzimmer vorstellen können – dann wäre der Tisch am Abend auch noch ein Tisch gewesen und kein Boot.

Zur Hochzeit hatten wir damals eine wunderschöne filigrane Vase geschenkt bekommen. Ich brachte sie bald im Keller in Sicherheit. Dort standen auch der kristallene Weindekanter, die Holzgiraffe aus Afrika (die erste hatte nach zwei Tagen im Wohnzimmer nur noch drei Beine). Zu spät kam ich, um die Suppenschüssel meiner Großmutter zu retten. Sie hat die Michel-Lönneberga-Challenge nicht überlebt, genauso wenig wie die Stehlampe, die zuletzt als Laser-Ritterschwert dienen durfte. Und ein Dutzend Lippenstifte gingen für Kriegsbemalungen drauf. Kullerte damals eine Selbstmitleidsträne über meine Wange? Gut möglich.

Zurück zum Spielteppich. Ich beobachtete Mitmütter, die geduldig Stunde um Stunde im Schneidersitz auf dem Boden saßen und Legotürme bauten oder fröhlich am Sandkistenrand knieten, aus Puppentässchen tranken oder imaginäre Kuchen backten. Ich fühlte mich schlecht und schuldig. Von Herzen wünschte ich mir, eine fröhliche und spannende Spielpartnerin für meine Söhne zu sein. Aber ihnen vorzumachen, dass ich mir nichts sehnlicher wünschte, als mich in einen Sportwagen zu verwandeln, als Pirat Kampfschreie abzusondern oder mir Bälle um die Ohren schießen zu lassen, das erschien mir auch irgendwie falsch. Apropos falsch: War vielleicht etwas falsch mit mir? Liebte ich meine Söhne nicht genug, um über mein schnödes Verlangen nach einem wunderbaren Frauen-Freundinnen-Gespräch hinwegzukommen und einfach mit Verve zu genießen, dass meine Söhne mit mir spielen wollten? Und übrigens, nur mal so zur Info: Ein Tyrannosaurus Rex brüllt keineswegs wie ein Tiger, sondern macht sehr wohl Geräusche, die an eine gurrende Taube erinnern.

Es heißt ja, Liebe verleiht Flügel, mobilisiert ungeahnte Kräfte. Diese Liebe machte mich zwar definitiv nicht zur perfekten Spielpartnerin, aber sie hatte die Kraft, mich in Sekunden von der harmlosen Glucke in eine Löwenmutter zu verwandeln. Vor allem, wenn es darum ging, meine Söhne vor Schmerz und Kummer zu bewahren. Als ich diesen bislang unbekannten Raubtierinstinkt zum ersten Mal spürte, war ich selbst erschrocken, wozu ich fähig sein konnte. Es passierte im ersten Urlaub mit Sohn Nummer eins. Wir hatten als kindgerechtes Reiseziel einen Bauernhof ausgesucht: Natur, Tiere, Milch von glücklichen Kühen zum Frühstück und ein Spielzimmer, in dem Kinder auch einmal betreut wurden, damit Mami und Papi gemütlich essen oder eine kleine Wanderung machen konnten. Mit meinem Sohn an der Hand betrat ich am Tag nach der Ankunft das Kinderparadies. Neugierig sah er sich um, entdeckte sofort Duplo-Eisenbahn, Kletterlandschaft und Rollenrutsche und konnte es kaum abwarten loszusausen. Bis ein kleines Mädchen sich vor ihm aufbaute: »Ich heiße Marie, und du?«

»Justus«, antwortete mein Sohn schüchtern.

Marie schaute ihm in die Augen und sagte: »Das ist aber ein blöder Name!«

Die Mundwinkel meines Sohnes zuckten verdächtig. Da spürte ich die Löwin in mir wach werden. Ich streckte die Schultern, um etwas breiter zu wirken, und trat so nah an das Mädchen heran, bis ich fast seine Fußspitzen berührte. Dann richtete ich den Zeigefinger wie eine 45er Magnum auf ihre Brust und sagte: »UND DU BIST EIN SEHR BÖSES MÄDCHEN!« Weinend flüchtete sie in die andere Ecke des Spielzimmers. Als wir wenige Minuten später hörten, »Die kleine Marie möchte von ihren Eltern aus dem Kinderparadies abgeholt werden«, saß Nummer eins längst vergnügt auf der Rollenrutsche.

Auf dem Weg ins Zimmer zu meinem Mann rangelten Zufriedenheit und schlechtes Gewissen in mir. Puh! Hatte ich tatsächlich gerade ein zweijähriges Kind verschreckt? Mein Auftritt gegenüber dem kleinen Mädchen war wohl doch ein wenig drüber. An diesem Tag aber wurde mir schlagartig klar: Ich würde das Glück meiner Söhne bis aufs Messer und mit meinem Leben verteidigen.

An meiner Liebe konnte es also keinen Zweifel geben. Was aber das Spielen betraf: Ich reinigte lieber angebrannte Töpfe, wusch schwarz-nass-klebrige Kinderklamotten oder sortierte das Kellerregal, als mit meinem Sohn auf dem Boden herumzukrabbeln. An manchen Tagen waren die vier Worte »Spielst du mit mir?« die bedrohlichsten des Tages und sogen aus dem Stand alle Energie aus mir.

War ich die einzige Mutter, der es so ging? Waren alle anderen eifrige Kinderanimateurinnen? Oder gab es vielleicht Leidensgenossinnen? Die Frage beschäftigte mich sehr. Als ich eines Abends Rennfahrer und Piraten ins Bett verfrachtet hatte, klappte ich noch einmal meinen Laptop auf und gab in die Suchmaschine ein: *Ich spiele nicht gern mit meinem Sohn, bin ich eine schlechte Mutter?* Es ploppten zig Einträge auf: »Ich gestehe, ich bin keine Spielmama«, »Bin ich eine Rabenmutter? Ich mag mit meinen Kindern nicht spielen«, und so weiter und so fort. Ich las einige der Beiträge und stellte fest, dass ich keineswegs allein war mit der Spielunlust und der Sorge darüber. Erleichtert klappte ich den Deckel zu und ging ins Bett.

Obwohl viele Mütter ähnlich fühlen, verausgaben sich andere täglich zwischen Sandkiste und Ritterburg. Als ich einmal meinen Sohn vom Spielen abholte, sah ich etwas befremdet, dass die Mutter seines Freundes mit Augenklappe zwischen den Jungs vor dem Piratenschiff saß. Ihr überforderter Gesichtsausdruck erinnerte mich an mein Gefühl als Lotus-Rennfahrerin. Warum saß sie da?

Meine Freundin Ada fiel mir ein. Sie war ebenfalls Mutter von zwei Kindern, hatte aber gottgegeben die Gabe, die Stärke, den Mut, sich ohne jegliches schlechte Gewissen auch um ihre Wünsche und Bedürfnisse zu kümmern.

»Nur eine glückliche Mutter ist eine gute Mutter«, erklärte

sie mir ihre Gedanken – auch zum Spielen mit ihren Kindern. Schuldgefühle waren ihr dabei so fremd wie Schaufelbagger. Musste ich denn wirklich in die Welt der Planierraupen und Tunnelbohrmaschinen eintauchen und zum Fußballfan werden, um meine Mutter-Sohn-Beziehung zu pflegen?

Ich schwor mir, ab sofort mehr am »Glückliche-Mutter-Sein« zu arbeiten. Denn das war doch sowieso der Zustand, mit dem ich den Kreißsaal mit meinem Sohn auf dem Arm verlassen hatte – und den ich täglich im Herzen spür(t)e. Das wollte ich mir auf keinen Fall durch Schuldgefühle und schlechtes Gewissen vermiesen lassen.

Als erste Lektion widmete ich mich dem Sandkisten-Thema. Kurzerhand bauten wir ein sicheres »Kinderparadies« im Garten. Ich zäunte einen kleinen, überschaubaren Teil unseres Gartens ein. Mit Platz genug zum Dreiradfahren und für eine Sandkiste, die ich direkt vor das Wohnzimmerfenster stellte. Von nun an konnte Sohn Nummer drei, unser kleiner Outdoorfan, sich sicher und wann immer es ihm beliebte, an der frischen Luft austoben. Und das rund ums Jahr und völlig unabhängig von Witterung und Naturgewalten. Mal ehrlich: Welche Mutter hat schon Lust, bei Regen und Windstärke vier im Garten zu spielen? Meinem Vierjährigen hingegen schien das Wetter überhaupt nichts auszumachen. In Regenklamotten und Gummistiefeln genoss er seine neue Regen-Freiheit, matschte mit Schaufel, Bagger und Gießkannen nach Herzenslust herum. Ich konnte währenddessen bügeln, saugen, Mails checken, telefonieren … und von drinnen mein abenteuerlustiges Kind beobachten. Ab und zu öffnete ich die Tür einen Spalt, brüllte bewundernde und motivierende Worte in den Wind oder reichte einen Keks hinaus. Nach spätestens zwei Stunden schnappte ich den Überlebenskünstler und steckte ihn trotz Protest in die warme Badewanne. Danach war sein Energielevel auf ein indoortaugliches Niveau gesunken. Wir tranken heißen Kakao, und ich las – ganz entspannt – zum hundertsten Mal aus *Autos und Laster:* »Welche Fahrzeuge gibt es auf der Baustelle? Mit der riesigen Schaufel hebt der Löffelbagger Erde aus. Dann dreht der Baggerführer die Kabine und schwenkt den Greifarm, um die Erde auf einen Kipplaster zu laden …«

Aber man muss keineswegs jedes Mal den Garten umgestalten, um seine Söhne glücklich zu machen. Eines Tages spazierten wir nach dem Spielplatzbesuch an einem Haushaltswarengeschäft vorbei. Vor der Tür stand ein riesiger Pappkarton, vielleicht von einem Kühlschrank oder einer Waschmaschine. Sohn Nummer eins zog an meiner Hand wie heute unser Jagdhund Carlo an der Leine, wenn er Essensreste auf der Straße entdeckt. »Kann ich da mal reinklettern?« Kurz entschlossen betrat ich den Laden und fragte, ob wir den Karton mitnehmen könnten. Zu Hause präsentierte er seinem Bruder stolz seinen Schatz. Gemeinsam schnitten die Jungs Fenster in den Karton, spielten Verstecken, machten ihn zur Ritterburg, verwandelten ihn später zum Trecker und waren stundenlang beschäftigt.

Ein paar Jahre später schenkte ich Sohn Nummer drei einen Kinderkoffer zum Geburtstag für die Ferien mit der Großmutter. Er war begeistert. Allerdings weniger über das Geschenk als über die Umverpackung. »Ein Piratenboot!«, rief er und sauste den ganzen Nachmittag, im Karton sitzend, die Treppe hinunter. Und apropos Großmutter. Von ihr lernte ich, dass man Jungs im Kleinkinderalter glücklich machen kann mit großen bunten Knöpfen, die sie in verschiedene Gläser sortieren dürfen, oder auch nur mit einfachen Vorratsdosen. Es machte all meinen Jungs einen Riesenspaß, die erlaubte Küchenschublade aufzuziehen und die bunten Plastikbehälter zu stapeln, ein- und auszuräumen.

All das entlastete mich. Die Zeit, die ich intensiv mit den Kindern verbrachte, genoss ich mehr, wenn ich auch mal Freiräume hatte und mich um meine eigenen Dinge kümmern konnte. Ich spürte, dass es uns guttat, und suchte nach immer neuen Lösungen.

Dennoch fühlte ich mich noch lange ein Stück weit falsch dabei. Warum nur? Soweit ich das beurteilen kann, hat mein Verhalten den Jungs nicht geschadet. Für dieses Buch habe ich die Kinder- und Jugendlichen-Psychotherapeutin Gundula Göbel dazu befragt.

»Manchmal hängen Mütter mehr am Rockzipfel ihrer Kinder als umgekehrt«, erklärte sie mir. »Häufig haben Mütter den Wunsch, eine Einheit mit ihrem Kind zu sein, und denken, dass sie dieses Gefühl nur dann erreichen, wenn sie jeden Spielmoment miterleben, alle Emotionen mitfühlen und eben alle Bedürfnisse ihrer Kinder befriedigen.«

Klingt erst mal nachvollziehbar. Nur hörte ich im letzten Satz schon das Aber, das sogleich folgte.

»Aber in Wirklichkeit versuchen die Mütter, unbewusst die eigenen Bedürfnisse zu erfüllen statt die des Kindes, nämlich: das Gefühl gebraucht zu werden, wichtig zu sein, eben als gute Mutter unentbehrlich zu sein im Leben des Kindes.« Und dies, so Gundula Göbel, sei keineswegs das, was Kinder brauchen. »Wichtig ist nicht, dass wir alles mitspielen und miterleben. Wichtig ist, dass wir die Wünsche und Bedürfnisse unserer Kinder sehen: dass wir ernst nehmen, was ihnen wichtig ist, und ihnen damit die Möglichkeit geben, selbstwirksam die eigenen Bedürfnisse zu erfüllen.« Wie kann so etwas im Alltag aussehen? Ich kümmere mich vielleicht darum, dass Weihnachtsmann oder Christkind das heiß gewünschte Piratenschiff unter den Baum legen, ich schlage vor, Freunde zum Spielen einzuladen, liefere den Proviant für die Bordküche … Und wenn mein Kind allein spielt? Dann halte ich mich in der Nähe auf und gebe ihm so Sicherheit. Die wichtigste Botschaft der Kindertherapeutin für mich: Ja, ich darf authentisch in meiner Erwachsenenrolle bleiben und muss nicht auf allen vieren in die Schlacht ziehen, um eine gute Mutter zu sein. Es sei denn, ich verspüre gerade wirklich eine Riesenlust dazu. Spaß zum Spielen jedoch vorzuspielen, verunsichere das Kind nur in seiner Wahrnehmung, meint Gundula Göbel, denn dafür hätten Kinder sehr feine Antennen. Ich darf also keine Lust am Autorennen-Spielen haben, ungünstig ist aber jegliche Spielverderberbewertung à la: »Solche Spiele führen doch zu nix, besser ihr spielt Lernspiele, die euch auf die Schule vorbereiten!« Oder: »Wenn du draußen so tobst, verletzt du dich noch.« Oder: »Im Regen im Garten zu spielen, macht krank!« Und so weiter.

Gemeinsame Zeit genießen, spielen, aber nichts vorspielen – so habe ich es tatsächlich aus dem Bauch heraus gemacht. Aber es hat einige Zeit gedauert, bis ich mich getraut habe, dieses Gefühl zu leben. Heute weiß ich, warum mir das als junge Mutter oft so schwerfiel und was ich mir damals direkt hätte verbieten sollen: den Vergleich mit anderen Müttern! Denn der macht selten glücklich. So unterschiedlich wie unsere Kinder sind auch wir Frauen. Mutter X hat vielleicht als leidenschaftliche Bastlerin Spaß mit ihren Kindern, Mutter Y legt mit ihren Jungs Gemüsebeete an, und Z liebt es, Legowelten aufzubauen. Alles ist gut, solange es Spaß macht. Als ich aufhörte, immer nur frustriert darauf zu gucken, was für mich schwierig war beim Spiel mit meinen Jungs, und stattdessen danach suchte, was uns alle begeistern könnte, entstand immer mehr Platz für kreative Ideen: für Beschäftigungen und Abenteuer, die uns allen Spaß machten. Die konnte ich dann auch mit Leidenschaft verkaufen: »Heute wird nicht am Tisch gegessen«, verkündete ich beispielsweise eines Sonntagmorgens. »Wir frühstücken an der Elbe!«

In einer Hand die Schaufel, in der anderen Hand das Franzbrötchen, vergnügten sich die Jungs eine Stunde später am Strand. Der Hund half beim Löchergraben, und ich saß entspannt mit einem Kaffee auf einem Stein, beobachtete die Schiffe und meine fröhlichen Jungs. So einfach konnte das sein.

Apropos Essen. Es ist kein Geheimnis, dass Pasta mit Tomatensoße so gut wie jedem Kind schmeckt. Das Bändigen der langen, dünnen Spaghetti ist allerdings meistens eine Herausforderung für Kinder, und die Versuche, sie spurlos in den Mund zu befördern, scheiterten regelmäßig. Das brachte mich an einem trüben Sonntag auf eine Idee. Wir trödelten unentschlossen durchs Haus und konnten uns nicht recht entscheiden, wozu wir Lust hatten. Während die Tomatensoße auf dem Herd vor sich hin köchelte, holte ich aus dem Keller eine Rolle Müllsäcke. Zwei breitete ich aus und legte sie unter den Küchentisch, in drei weitere schnitt ich Löcher und stülpte sie den staunenden Jungs über den Kopf. Wenige

Minuten später servierte ich ihnen einen Teller Spaghetti – ohne Besteck. »Guten Appetit«, sagte ich grinsend. »Heute essen wir mit den Händen.«

Es dauerte ein paar Überraschungssekunden, dann griffen die Jungs vergnügt zu. Im Nu wurden ihre Hände zu Baggerlöffeln, und sie schaufelten sich selbst und gegenseitig die zum Leben erwachten glitschigen Nudeln in ihre Münder. Aus den über und über mit Tomatensoße verschmierten Müllsäcken blitzten glückliche Augen – und dank der Ganzkörperlätzchen und Plastikplanen war in fünf Minuten die Küche wieder in Ordnung.

Ein absoluter Graus waren für mich auch die Regentage. Im Gegensatz zu den Jungs, die es liebten, sich in Matsch und Pfützen zu vergnügen, hielt sich meine Leidenschaft, in Gummikleidung auf der Spielplatzbank zu sitzen, in Grenzen. Als das Wetter eines Tages ganz besonders grau und gruselig war, erinnerte ich mich an das Lieblingsspiel meiner Kindheitsheldin Pippi Langstrumpf mit Tommy und Annika: Sie mussten es kreuz und quer durch die Wohnung schaffen, ohne den Boden zu berühren. Das konnten wir auch: Ich stellte unsere Lieblingsmusik an. Laut – sehr laut. Dann sprangen wir vom Esstisch auf den Sessel, kletterten von der Sofalehne auf das Sideboard und von dort über einen kleinen Hocker zurück zum Tisch. In einem endlosen Kreis und mit Dauergrinsen im Gesicht, bis wir am Ende der CD kichernd und keuchend auf dem Teppich landeten.

Und eines Tages, in einem besonders starken Glucken-Glücksrausch, hatte ich eine phänomenale Idee: Statt mit meinem Sohn mit seiner geliebten Playmobil-Polizeistation zu spielen, fuhr ich zur Wache im Stadtteil.

»Meine Jungs sind totale Polizei-Fans«, erzählte ich dem Beamten, der mich freundlich nach meinem Anliegen fragte. »Wie oder womit kann ich Sie überreden, einmal bei uns zu Hause vorbeizukommen? Ich glaube, meine Jungs würden ohnmächtig werden vor Freude. Gibt es vielleicht eine Kaffeekasse …?« Damit hätte ich mich fast eines Bestechungsversuchs schuldig gemacht! Zum Glück bewahrten mich die netten Polizisten davor, und alles endete mit einer Riesenüberraschung.

»Guck mal, ein echtes Polizeiauto«, schrie Sohn Nummer eins begeistert, als am nächsten Tag ein Streifenwagen direkt vor unserem Gartentor hielt. Eine Sekunde später: »Oh, mein Gott, er kommt zu unserem Haus!« Dann klingelte der Polizist und fragte, ob er und sein kleiner Bruder vielleicht Lust hätten, eine Runde zu drehen. Den Gesichtsausdruck habe ich bis heute nicht vergessen. Auch Sohn Nummer zwei erinnert sich noch an die Fahrt im Streifenwagen, an die echten Handschellen und die Pistole. Ich gebe zu, auf diese Aktion bin ich bis heute stolz! Damals spornte sie mich zu weiteren Jungsmutter-Höchstleitungen an. Als ein paar Jahre später neue Leitungen in unserer Straße verlegt wurden, war Sohn Nummer drei vollauf begeistert. Von Tag zu Tag verweilten wir länger dort, um den Bauarbeitern bei der Arbeit zuzuschauen. Bis ich es müde wurde. Kurzerhand holte ich den Kinderstuhl aus dem Haus: Jetzt saß er in erster Reihe vor dem Baustellen-Thriller – stundenlang! Die Männer gewöhnten sich nicht nur an ihren kleinen Fan, sie behielten ihn auch im Auge und erkundigten sich sogar schon nach ihm, wenn ich ihn einmal nicht vorbeibrachte. Am Ende der Arbeiten habe ich mich bei ihnen bedankt: mit einem Kasten Bier fürs Aufpassen.

Mit meiner Idee, als Ausgleich zum Baustellenkino auch etwas Lesekultur in die Familie zu bringen, scheiterte ich danach allerdings gleich wieder gnadenlos.

»Mami, du checkst echt gar nix. Kein Mensch liest heutzutage mehr ein Buch.« Sohn Nummer eins guckte mich verständnislos an. »Höchstens so welche Leute, die so alt sind wie du«, stimmte Sohn Nummer zwei ihm zu und machte eindeutige Scheibenwischerbewegungen vor der Stirn. Dabei hatte ich nur die »irrwitzige« Idee gehabt, einen echten Buchladen zu betreten und jedem Kind zum Wochenende spannenden Lesestoff zu spendieren.

Zum Glück war es nicht bloß eine senil anmutende Fantasie von mir, sondern die Lesephobie war nur eine weitere Phase der Entwicklung. Denn kurze Zeit später standen Bücher plötzlich wieder hoch im Kurs.

Und dann bot ich Sohn Nummer drei das absolute Mega-Action-Abenteuer – ganz unfreiwillig: Nach einem Einkauf verstaute ich die Kinderkarre im Kofferraum, schnallte ihn auf dem Kindersitz an, warf, ohne nachzudenken, meine Handtasche mit dem Autoschlüssel auf den Beifahrersitz und lief ums Auto, um selbst einzusteigen. Als ich die Autotür allerdings öffnen wollte, war diese aus unerfindlichen Gründen verschlossen. Wie so etwas geschehen kann, ist mir bis heute ein Rätsel. Auf jeden Fall saß mein damals dreijähriger Sohn im Auto und guckte vergnügt durchs Fenster, während ich leicht panisch auf der anderen Seite stand. Zu Hause lag zwar ein Zweitschlüssel, aber ich konnte unmöglich meinen Sohn allein lassen, um diesen zu holen. Also versuchte ich, Ruhe zu bewahren, unterhielt ihn mit fröhlichen Grimassen und

Handzeichen durch die Scheibe und überlegte, was ich tun könnte. Dann rief ich die Feuerwehr an. Diese schickte nicht, wie ich gedacht hatte, ein bis zwei hilfsbereite Männer mit Werkzeug vorbei, sondern zwei Leiterwagen. Sie kamen ein paar Minuten später mit Blaulicht und ohrenbetäubend lautem Martinshorn angerast. Und dann übernahm die Feuerwehr das Kommando. Drei Männer standen vor dem Fenster und versuchten vereint mit guten Worten, Händen und Füßen, meinen Sohn dazu zu bringen, sich loszuschnallen und die Tür von innen zu öffnen. Gleichzeitig beruhigten sie mich:»Wenn ihr Sohn hinfällt oder in Panik gerät, schlagen wir die Scheibe ein und retten ihn.« Aber die Einzige, die mit Panik kämpfte, war ich. Sohn Nummer drei war begeistert von den uniformierten Helden, die vor seinem Fenster rumturnten. Einen Moment beobachtete er entzückt das Spektakel, dann verstand er schnell, was zu tun war, und entriegelte die Tür. Ein Erlebnis, was diesen Vormittag vermutlich zu den besten seiner Kleinkinderzeit machte.

Unvergesslich wird auch meine Tortenschlacht mit Sohn Nummer eins in der Badewanne bleiben. Er wollte damals unbedingt wissen, wie es sich anfühlt, eine Sahnetorte zu schmeißen und ins Gesicht geditscht zu bekommen. In Badekleidung und einem mit Sprühsahne präparierten Tortenboden standen wir uns gegenüber. Er durfte zuerst werfen.

Was mich ebenfalls ins Badezimmer trieb: die Schweißperlen, die viermal jährlich zur Mütter-(extrem viel seltener Väter-) Challenge anlässlich des Kindergeburtstags rannen. Über allem schwebte die Frage: Wie überstehe(n) ich (und meine Wohnung) eine Geburtstagsparty mit einem Dutzend tobender, sich balgender wilder Kerle? Und dann: Mit welchen Aktivitäten kann ich die Meute begeistern? Und mit welchen Spielen langweile ich sie womöglich zu Tode und mache die Party zum Flop? Ich spreche jetzt nicht von Mega-Events, die locker das Haushaltsgeld eines Monats vertilgen, wie etwa die Anmietung der Zirkus-Vip-Lounge mit anschließender Backstage-Tour, eines ganzen Indoorspielplatzes samt Personal Trainer oder die Buchung eines professionellen DJs für die Kinderparty … Bei solch extravaganten Happenings frage ich mich manchmal, was als Nächstes kommt. Das Schwimmen mit extra eingeflogenen Delfinen im eigens dafür aufgestellten Pool?

Ich habe es da lieber etwas handfester. Einmal habe ich zum Beispiel unseren Neunsitzer-Familienbus mit Achtjährigen vollgeladen und bin auf einen Bauernhof gefahren. Dort konnten sich die Kinder im Stall Mäuse auf die Köpfe setzen und Ballermann-like Brause mit Strohhalmen aus einem Eimer trinken. Zwei Wiederholungen über hielt die Freude. Lange auf der Bestsellerliste, auch für mich: der Fußball-Geburtstag. Und der geht so: zwei Tore im Park aufstellen, einen Korb voll Verpflegung und Pflaster dahinter parken, ein paar Preise organisieren – zack, fertig.

Ich kenne auch die besten Plätze an der Elbe für Piratengeburtstage. Ich bin mir ziemlich sicher, dass bis heute irgendwo in Rissen am Strand eine Kiste mit goldenen Schokotalern in einem Meter Tiefe liegt, die ich zu gut vergraben habe. Ich weiß außerdem, welche Veranstalter Laser-Tech-Partys anbieten, in welchen Regionen im Park Softair-Schießen mit Schutzbrillen erlaubt ist und wo man Pokale für all die Wettbewerbe innerhalb von vierundzwanzig Stunden gravieren lassen kann. Und ich hatte immer einen Fußball, ein paar Handschellen und eine Pistole als Notgeschenk für spontane Einladungen im Keller liegen.

Das Erfolgsrezept für einen perfekten Jungengeburtstag lautete also für mich: Finde eine Aktivität außerhalb der eigenen vier Wände, die Spaß macht und keinen Krankenwagen auf Stand-by benötigt. Und an diesem besonderen Tag zählten dann, im Gegensatz zu unserem Miteinander-Spaß-Programm, ausschließlich die Wünsche der Jungs. Und das Ganze dann jedes Jahr mal vier …

Während ich vor einer ganzen Weile an einem Geburtstagsvorabend wieder einmal sentimental Smarties auf das Endprodukt der Fertigbackmischung klebte, rechnete ich mal nach: Das war tatsächlich der sechzigste Geburtstagskuchen, den ich für meine Jungs backte! Und dem Geburtstagskuchen folgte dann natürlich auch die sechzigste Geburtstagsfeier. Und während andere Menschen überall auf der Welt an jenem Sonntagnachmittag vielleicht auf dem Sofa chillten, einen gemütlichen Spaziergang machten oder anderweitig entspannt den Tag verbrachten, vergnügte ich mich mit Ehemann zwei, Sohn Nummer vier und einer Handvoll kleiner, adrenalingepeitschter Männer im Jumphouse. Und sprang, angefeuert von einer Portion Trampolin-Glückshormonen, mit den Jungs um die Wette, bis mir fast der Smarties-Schokoladenkuchen hochkam.

Ein Event, bei dem ich mich in meinem Männerhaushalt zur Abwechslung ganz entspannt zurücklehnen konnte, gab es auch. Fasching. Während andere Mütter durch die Einkaufszentren tobten oder abendelang Lillifee-, Prinzessinnen- und Meerjungfrauen-Kostüme nähten, hatte ich kaum etwas zu tun. Denn egal ob das Thema Märchenfiguren, Dschungel, Science-Fiction oder Filmstars lautete: Meine Jungs zogen als Cowboy los. Jedes Jahr! Schon Sohn Nummer eins hatte konsequent jedes Motto ignoriert, und natürlich hielten es, mit kleinen Ausnahmen, auch die Brüder so. Und so holten wir auch für Sohn Nummer vier im ersten Grundschuljahr zum x-ten Mal den etwas mitgenommenen Cowboyhut aus dem Keller.

Meinen fünfzigsten Geburtstag habe ich mit meinen Söhnen in zwölf Meter Höhe im Hochseilgarten gefeiert. Ob ich mir das so gewünscht hatte? Nun, sicher hätte ich mir auch gut einen Wellnesstag vorstellen können, mit anschließendem Fünf-Gänge-Menü. Aber dann hätte ich vermutlich allein feiern müssen. Und siehe da, von wegen »nur was für Jungs«. In zwölf Meter Höhe erging es mir wie auf dem Trampolin am Kindergeburtstag: Glücksgefühle pur! Wahnsinn, was man erleben kann, wenn man sich auf Ideen von den Jungs einlässt!

2

Fleißaufgaben? Fehlanzeige! – schlimm, schlimmer, Schule

*Wie ich gelernt habe, damit zu leben, dass meine
Söhne überhaupt nur zur Schule gehen, weil in der
Pause Fußball gespielt wird, und dass Lehrergespräche
in meinem Leben (fast) so häufig stattfinden wie
Friseurbesuche.*

»Ich muss Ihnen leider mitteilen, dass Ihr Sohn wiederholt auffällig geworden ist.«

Etwas angespannt saß ich der Klassenlehrerin der 3 b gegenüber. Sofort sprang das schlechte Gewissen an, und Dutzende von Bildern ratterten durch meinen Kopf. Hatte Sohn Nummer eins den Papierkorb angezündet? Die Wände im Klo bemalt, einem Erstklässler den Ball geklaut …?

»Er ist gestern in der Pause an der Regenrinne hinauf auf das Pavillondach geklettert.« Die Lehrerin hielt einen Moment inne, um der dramatischen Nachricht einen angemessenen Wirkungsraum zu geben. Vielleicht erwartete sie auch einen entsetzten Aufschrei von mir. Stattdessen atmete ich erleichtert auf. Als Jungsmutter war ich 24/7 im Habacht-Modus und hätte Schlimmeres erwartet. Dann fuhr sie fort: »Das Betreten des Daches ist aus Sicherheitsgründen strengstens untersagt.«

Willkommen in der Jungswelt, dachte ich, während ich sie dabei beobachtete, wie sie am Kragen ihrer makellos weißen Bluse nestelte, der unter die Jacke ihres Kostüms gerutscht war.

Tja, aus Sicherheitsgründen untersagt ist grundsätzlich auch, seinem Bruder bei einer Hyperstrahlattacke fast das Auge auszustechen, sich im Winter aus Spaß in einen eiskalten Teich zu schubsen oder Jahre später auf fünfzehn Meter hohe Bäume zu klettern oder sich von Klippen ins Meer zu stürzen ... Aber so wenig, wie ich mich darum schere, ob ein Stück Lübecker Nusstorte fünfhundertfünfzig Kalorien hat, wenn ich Lust darauf habe, scheren Jungs sich darum, was aus Sicherheitsgründen besser zu unterlassen ist.

Ich verfüge seit Krabbelgruppenzeiten über ein reiches Potpourri an Entschuldigungsformeln für alle Fälle, die ich abspule und so verinnerlicht habe wie die verschiedenen Waschgänge für die unterschiedlich stark verschmutzte Wäsche ... Aber die schluckte ich an jenem Morgen mutig herunter. Es reichte mir einfach mit der ständigen Kritik und den vielen Beschwerden über für mich völlig altersgerechtes und angemessenes Spielverhalten meines Erstgeborenen. Stattdessen schaute ich der Lehrerin selbstbewusst lächelnd in die Augen. »Auf ein Garagen- oder Pavillondach zu klettern, gehört meiner Meinung nach in die Betriebsanleitung für Jungs. Und wissen Sie was? Ich würde mir echt mehr Sorgen machen, wenn mein Sohn NICHT versucht hätte, auf das Dach zu klettern.«

Vielleicht hätte mein Sohn nicht an Regenrinnen entlang auf Dächer steigen müssen, wenn es auf dem Schulhof mehr

Klettergerüste zum Austoben gegeben hätte. Und wenn überhaupt der Schulalltag und der Unterricht mehr an die Bedürfnisse von Kindern und deren Bewegungsdrang angepasst wären. Oder? Meine Söhne im Klassenzimmer, fünfundvierzig Minuten lang fest an einen Stuhl gebunden, erinnerten mich jedenfalls immer ein wenig an Vögel, denen man die Flügel gestutzt hat.

Sicher sind nicht alle Mädchen ordentlich und fleißig, und natürlich kann man auch nicht alle Jungs über einen Kamm scheren. Und selbstverständlich gibt es Jungs, die nicht dreimal »Hier!« geschrien haben, als der liebe Gott die Dynamik verteilt hat, sondern das stille Verharren im Unterricht gut aushalten und in der Pause lieber auf der Bank sitzen und lesen, statt sich endlich auszutoben. Oder, was es leider auch gibt: Jungs, die sehr gern lernen, sich aber nicht trauen, dies zuzugeben, die immer eine Stufe unter ihren Leistungen agieren, um nicht aufzufallen. Denn für die Schule zu viel zu arbeiten, gilt als uncool. Oder noch schlimmer: Sie haben sogar Angst davor, von ihren Geschlechtsgenossen ausgegrenzt und gemobbt zu werden, wenn sie sich nicht »typisch männlich« verhalten. Ähnlich fatal ist es natürlich, wenn Mädchen erleben, dass sie beim Pausenfußball nicht erwünscht sind.

Wir sollten gleichberechtigt sein. Jedem sollten alle Möglichkeiten offenstehen. Aber gleich sind wir nicht. Denn: Was Hormon- und Hirnaufbau angeht, unterscheiden sich die Geschlechter. Und das beeinflusst die jeweiligen schulischen Leistungen. »Das Gehirn reift bei Mädchen früher und verschafft ihnen Vorteile bei sprachlichen Aufgaben, Jungen haben dagegen Vorteile im verbal-räumlichen Denken«, erklärt Stephan Sievert vom Berlin-Institut für Bevölkerung und

Entwicklung in dem Artikel »Warum Jungen in der Schule auf der Strecke bleiben«.

Aber der Hauptgrund, warum Jungs in der Schule mehr Probleme haben, ist laut Sievers ihr Verhalten: Stören im Unterricht und immer wieder Grenzen austesten bei den Lehrerinnen und Lehrern. Es liegt also nicht an der unterschiedlichen Entwicklung des Hirns, sondern eher daran, was für Gedanken und typisch männliche Verhaltensmuster dort eingepflanzt werden. Außerdem würden, so Sievert, Fähigkeiten im Grundschulalter verlangt, die Jungs häufig noch überforderten, wie Leisesein und Stillsitzen. Auch mit der Feinmotorik kämpfen Jungs offenbar meist länger als Mädchen.

Da frage ich mich doch: Warum werden als Ausgleich zum Schreiben, Malen, Basteln nicht mehr handfeste handwerkliche Aufgaben in den Unterricht integriert, bei denen Aktivitätspotenzial und Motorik aller Kinder berücksichtigt werden? So, dass jede und jeder mal ein Erfolgserlebnis sammeln kann? Auch Mädchen hätten auf diese Art die Chance, aus der Geschlechternorm-Schublade zu klettern und Holz zu hacken, zu hämmern …

Jedenfalls: Meine Toleranz gegenüber den ständigen Klagen über das Verhalten meiner Jungs war über die Jahre in den Minusbereich gerutscht. Und ich war stolz, dass ich mich getraut hatte, gegenüber der Klassenlehrerin Klartext zu reden, statt mich wieder einmal für meinen Sohn zu entschuldigen. Vor allem, warum?

Etwa zu der Zeit, als Sohn Nummer eins und zwei die Grundschule besuchten, kam der Film *Die Wilden Kerle* in die Kinos. Unterzeile und Motto: »Alles ist gut, solange du wild bist!« Es war die Geschichte einer Fußballbande von sechs- bis zehnjährigen Jungs, die für ihren Fußballplatz kämpfen und fürs Leben lernen. Der Film wurde zum Mega-Erfolg. Fünf spannende Fortsetzungen lang folgten meine Söhne ihren Helden. Und 2016 wurde sogar ein sechster Teil gedreht: *Die Legende lebt.*

Warum gab es so einen Hype um die Filme? Die Jungs (und das eine Mädchen) der Fußballbande waren cool, unerschrocken und natürlich wild. Auf der anderen Seite lernten sie, Ängste zuzugeben und zu bewältigen. Das ergab eine ganz spezielle Mischung aus harter Schale und weichem Kern. Übrigens unterschieden sich in den Filmen damals die Mädchen gar nicht so sehr von den Jungs. Sie durften wild und weiblich sein – da lag der Autor Joachim Masannek schon 2003 gendermäßig ganz weit vorn.

Im echten (Schul-)Leben sind wilde Kerle leider eher unerwünscht. Und wir Eltern werden häufig gleich mit schräg angeschaut. So nach dem Motto: »Du hast da einen Störenfried auf die Welt gebracht. Nun sieh mal zu, wie du das fehlerhafte Wesen unter Kontrolle bekommst.«

Es waren nicht nur die Lehrergespräche. Auch auf manchen Elternabenden fühlte ich mich wie eine Außenseiterin, wie eine, die es einfach nicht richtig hinkriegt mit ihren Kindern. Ein Gefühl wie früher im Musikunterricht. Da ich leider mit wenig musikalischer Begabung gesegnet bin, drückte die Lehrerin mir beim gemeinsamen Musizieren meist die Triangel in die Hand. Vielleicht in der Hoffnung, dass ich damit im Klassenorchester am wenigsten Schaden anrichten könnte. Ohne jedes Rhythmusgefühl, aber mit viel Freude schlug ich also enthusiastisch auf das Dreieck ein, das an meiner Hand baumelte. Als die Lehrerin vorsichtig anmerkte: »Wir sind nicht im Takt«, fühlte ich mich nicht angesprochen. Alle anderen allerdings drehten sich sofort zu mir um, während ich mich selbst auch umdrehte, um den Falschspieler auszumachen. Hinter mir war jedoch niemand. Genau so kam ich mir jedenfalls vor, als die Lehrerin auf dem Elternabend sagte: »Es gab letzte Woche wieder einen Vorfall.« Alle Blicke …, na, Sie wissen schon. Im Gegensatz zu mir, die in naiver Neugier lauschte, worum es ging, waren die anderen offensichtlich längst ausführlich von ihren Kindern darüber informiert worden, was vorgefallen war, und vor allem, dass mein Sohn beteiligt war.

Überraschte mich das? Eigentlich nicht. Denn auf meine Fragen: »Wie war euer Tag in der Schule?« oder: »Irgendwas Besonderes?«, bekam ich in der Regel die immer gleiche Antwort: »gut!« oder eben: »Nö.«

Wenn es um die Abfrage von Informationen zu ihrem Alltag ging, erzählten meine Jungs mir so wenig wie mein Hund von seinen Gassi-Erlebnissen.

Zurück zum Elternabend und dem *Vorfall*.

»Das Schneeballwerfen auf dem Schulhof ist verboten. Trotzdem stürmen die Kinder – vor allem die Jungs –, sobald es schneit, auf den Hof und zetteln Schneeballschlachten an«, erklärte die Lehrerin weiter. Aber ist das nicht das Normalste der Welt? Auch meine Jungs, eigentlich wir alle, stürmten in den Garten, sobald die ersten Flocken fielen, seiften uns kreischend die Gesichter ein, steckten uns vergnügt gegenseitig Schnee in die Pullover und warfen uns ab. Ich denke, dass das Verbot aus Sicherheitsgründen ausgesprochen wurde, aus Sorge, dass vielleicht kleine Steine in den Schneeball geraten und so zu Verletzungen führen könnten. Andererseits gehört Schneeballwerfen zum Winter wie Rodeln und heißer Kakao, oder? Meine Meinung behielt ich allerdings lieber für mich. Und warf mit angemessen betroffener Miene ein: »Ach herrjeee! Ich hoffe, es ist nichts passiert.« Fragend sah ich die Lehrerin an, der Rest der Eltern fixierte weiterhin mich. Was ich nicht wusste: Ich war die Mutter des »Täters«. Ein Schneeball, zum Glück ohne Stein, aber wohl etwas eisig, hatte eine Mitschülerin unglücklich an der Stirn getroffen. Und den hatte leider ausgerechnet mein Sohn geworfen. Unter den vorwurfsvollen Blicken fühlte ich mich jetzt längst, als hätte ich mich höchstpersönlich hinterm Busch versteckt, der kleinen Annalena aufgelauert und auf ihren Kopf gezielt.

Was ich anstrengend fand: Nach dem Tribunal wurde noch weitere dreißig Minuten über die Gefährlichkeit von Schneeballwürfen und mögliche Konsequenzen für aus dem Ruder gelaufenen Verhalten auf dem Schulhof diskutiert. Und das, obwohl die Kinder längst alles untereinander geklärt hatten. Natürlich war es nicht die Absicht meines Sohnes gewesen, einer Mitschülerin wehzutun. Natürlich hatte er sich längst bei ihr entschuldigt, und da sie selbst mitgespielt hatte, war alles okay für Annalena. Aber es war wie so häufig: Die Vorfälle waren längst zwischen den Schülern geklärt, aber die Eltern machten noch wochenlang ein Thema daraus. Die Konsequenz dieses Elternabends: Erneute Anordnung der Lehrerin zur Null-Schneeball-Toleranz, vermutlich aus versicherungstechnischen Gründen und zur Absicherung der Schule. Denn genauso gut hätte sie verkünden können: Hört auf zu atmen!

Manchmal erinnern mich derartige Gespräche an die Aussage meiner Hundetrainerin: »Das Problem findet sich häufig am anderen Ende der Leine.«

Und dann bekam ich die Gelegenheit, mir selbst ein Bild vom echten Schulleben und den Kindern zu machen. Zu der Zeit besuchte mein Jüngster eine Reformschule, an der jahrgangsübergreifend unterrichtet wurde. Ich hatte das Grundschul-Lehrerteam gefragt, ob ich eine Stunde dem Unterricht lauschen durfte, weil ich das Konzept so gern einmal live erleben wollte, und saß schon eine Woche später zum Entsetzen meines Jüngsten in der letzten Reihe im Klassenraum.

Die beiden Lehrer gingen von Bank zu Bank, gaben Hilfestellung und beantworteten Fragen, während die Schülerinnen und Schüler selbstständig ihren Tagesplan bearbeiteten. Theoretisch. Sohn Nummer vier befand sich offenbar noch in der mentalen Planung. Den Kopf auf beide Unterarme gestützt, lag er auf seinem Tisch.

Vor mir spielte sich währenddessen eine Szene aus einer für mich unbekannten Welt ab: Der kleine Sascha holte aus einem akribisch sortierten, sauberen Ranzen eine sorgfältig beschriftete Mappe heraus. Er öffnete die aufgeräumte und vollständig bestückte Federtasche und bearbeitete eifrig und mit schönster Schrift sein Aufgabenblatt. In all den Jahren Mutterschaft hatte ich so etwas noch nicht gesehen. Die Ranzen von Sohn Nummer eins bis vier sahen alle ähnlich aus: so etwa, als hätten die Jungs sie auf der Flucht vor einer Naturkatastrophe zurücklassen müssen, und man hätte sie zehn Jahre später gefunden. Schnellhefter mit zerknitterten und eingerissenen Arbeitsblättern, lose und zerknüllte Zettel, zerdrückte Trinkflaschen, angeschimmeltes Butterbrotpapier, festgetrocknete Klebestifte, Fußballkarten, einzelne Handschuhe, organische und sich bereits pulverisierende, nicht identifizierbare Krümel und Abfälle aller Art sowie ein Dutzend abgebrochener, abgenudelter Stifte, die sich aus den lästigen Gummiösen der Federtasche befreit hatten.

Der Umgang mit Schulmaterial und die Ordnung im Ranzen waren ein ewiges und leidiges Streitthema bei uns. Ordnung ist eben nicht jedermanns Sache. Heißt es nicht: Genie und Chaos gehen Hand in Hand? Ich hatte mich mittlerweile daran gewöhnt.

Während Sohn Nummer vier, ermahnt durch den Lehrer, endlich lustlos seinen ersten Arbeitszettel aus dem Ranzen fischte, lief Sascha nach vorn: »Ich bin fertig. Kann ich bitte noch eine Extraaufgabe bekommen?« Wäre er mit Engelsflügeln aus dem Fenster gen Himmel entschwebt, es hätte mich weniger erstaunt als diese Frage aus einem Kindermund.

Ein paar Wochen später sprach mich dann der Lehrer beim Abholen wieder einmal an: »Ihrem Sohn gelingt es einfach nicht, sich zu melden, wenn er etwas beitragen möchte zum Unterricht. Er ruft ständig ungefragt seine Antworten in den Raum. Können Sie das bitte noch einmal mit ihm besprechen?«

Es erscheint mir manchmal schon paradox: Wenn die Jungs reden sollen, schweigen sie, wenn Schweigen angebracht wäre, reden sie. Bei Sohn Nummer vier waren diese Gegensätze allerdings phasenweise tatsächlich sehr extrem ausgeprägt. Entweder erzählte er gar nichts, oder aber es sprudelte eine nicht aufzuhaltende Flut von Wörtern aus seinem Mund. Meist mussten wir lachen über seine fröhlichen Geschichten und Witze. Manchmal allerdings nahm es überhand, und keiner der Brüder kam mehr zu Wort. Als Kleinkind haben wir ihn aus Verzweiflung sogar einmal während der Familienmahlzeit samt Kinderstuhl vor die Tür getragen. Aber ebenso wenig, wie ich Carlo abgewöhnen konnte, laut bellend zur Tür zu laufen, wenn es klingelte, schaffte ich es, meinem Jüngsten Rede-Regeln beizubringen. Sein Temperament und seine Redefreude gingen manchmal einfach mit ihm durch. Dennoch sprach ich ihn am Abend an und schlug im Spaß vor: »Wenn du nicht lernst, dich zu melden, komme ich wieder in der Schule vorbei und setze mich eine Stunde neben dich – zum Üben. Das habe ich so mit deinem Lehrer besprochen.« Entsetzt sah er mich an. »Wenn du das machst, nehme ich Drogen und laufe von zu Hause weg!«

Ups! Ich konnte nur hoffen, dass er das genauso wenig ernst meinte wie ich.

Ein paar Wochen später überraschte mich Sohn Nummer vier erneut. Diesmal wollte er nicht weglaufen, sondern drohte damit, sich aus dem Fenster zu stürzen. Und das kam so: Als die Schule das Theaterstück »Schneewittchen und die sieben Zwerge« aufführen wollte, dachte ich: Yes, toller Plan. Sicher wird mein fröhlicher und sprachtalentierter Sohn mit Leidenschaft bei dieser Projektwoche dabei sein. Ich war schon ganz gerührt bei der Erwartung, mein Nesthäkchen auf der Bühne zu sehen. Zumindest so lange, bis ich ihn nach der ersten Nachmittagsprobe von der Schule abholte. Schon während er ins Auto sprang, begann er zu meckern.

»Ganz bestimmt werde ich nicht in so einem beknackten Märchen mitspielen. So was können sich ja typisch nur Lehrerinnen ausdenken.«

Meine ahnungslose Frage nach seiner Rolle hätte ich dann wohl lieber stecken lassen sollen.

»Ich soll so einen bescheuerten Prinzen spielen, der einem dusseligen Mädchen, das in so einem Karton liegt, sagt: ›Ich liebe dich, ich möchte dich heiraten.«« Vor Empörung hatte er schon ganz rote Wangen, sein Ton war eine Mischung aus Ekel, Wut und Entsetzen.

»Und dann soll ich auch noch mit ihr zusammen auf einem Steckenpferd aus der Aula reiten!« Er schüttelte fassungslos den Kopf. »Bevor ich da mitmache, springe ich lieber aus dem Fenster!«

Ich traute mich im Verlauf der Woche nicht mehr, nach den Proben zu fragen, erfuhr aber, dass offensichtlich ein Rollentausch möglich gewesen war. »Jetzt soll ich einer von diesen superlauchigen Zwergen sein. Die sitzen nur dämlich rum und machen gar nix«, erklärte er mir seine neue Aufgabe und fügte hinzu: »Ich gehe heute ohne Jacke raus. Und dann werde ich hoffentlich noch krank bis zum Freitag.«

Am Freitag, dem Tag der Aufführung, war er quietschfidel, dafür lag ich leider mit Grippe im Bett.

»Es war sooo furchtbar«, erklärte er mir nach vollbrachter Tat. »Kannst echt froh sein, dass du das nicht ansehen musstest!«

War ich nicht. Liebend gern hätte ich meinen kleinen, schlecht gelaunten Zwerg auf der Bühne bewundert.

Übrigens: Als ich zum vierten Mal schwanger war, rechnete ich mir aus, dass mein Ältester volljährig sein würde, wenn Sohn Nummer vier in die Schule käme. Und ich träume davon, dass er dann für mich die Elternabende besuchen und über *Vorfälle* sprechen würde. Sicher wären seine Erfahrungen ein wertvoller Beitrag. Und er wäre zugleich das lebende Beispiel für beunruhigte Jungsmütter, dass am Ende alles gut wird. Regenrinnenklettern, Raufereien und Rauchen vor dem

Lehrerzimmer haben zwar damals viel Aufregung verbreitet, aber meinem Ältesten auf dem Weg in seinen Traumberuf nicht geschadet. Genauso wenig haben Krampenschießen und beim Fußballspielen versehentlich zerschossene Aula-Fensterscheiben einen Einfluss auf das Abitur meines Zweitältesten gehabt. Und auch Sohn Nummer drei, der früher als Schrecken der Unterstufenlehrer galt, hat gerade erfolgreich das Gymnasium beendet.

Bei Sohn Nummer vier lehne ich mich heute entspannt und voller Vertrauen zurück. Ich bin sicher, dass auch bei ihm Schneeballschlachten, Handytadel, Nachsitzen und die eine oder andere Fünf in Mathe zu unterhaltsamen Anekdoten für die Abi-Rede werden. Nur was das Besprechen der *Vorfälle* an Elternabenden betrifft – da kann es schon passieren, dass ich ganz unentspannt in einer Übersprungshandlung den Bleistift durchbreche oder die Tagesordnung zerknülle. Die schmeiße ich dann einfach in das Schulfach meines Jüngsten. Fällt dort gar nicht auf.

3

Was sich kloppt, das liebt sich – was ich von Gorillaweibchen lernen konnte

Ob aus reinem Spaß oder im unerbittlichen Kampf um die Alphastellung: Ching-Chang-Schmerz, Rangeleien im Hochbett und blutige Nasen scheinen zum alltäglichen Vergnügen der Jungs zu gehören. Gäbe es die Saalwette in einer Quizshow: Wer kann sein Auto mit verbundenen Augen sicher zum nächsten Krankenhaus lenken? – da wäre ich ganz weit vorn.

So wie ein Blitz auf den Donner, folgte auf den dumpfen Knall aus dem Kinderzimmer ein gellender Schrei. Ich stürmte hinein. Sohn Nummer zwei, damals vier Jahre alt, saß heulend auf dem Boden und presste die kleine Hand an den Kopf. Darunter sickerte Blut hervor. Es hatte die hellblonden Locken bereits in dunkle, klebrige Strähnen verwandelt. »Ich wollte bloß auch mal ans Steuer … Und dann ist er irgendwie aus dem Bett gefallen und …«, stammelte sein sechsjähriger Bruder und guckte ziemlich betrübt aus der Wäsche. Von wegen »einfach so aus dem Bett gefallen«. Wer's glaubt, kennt die tägliche Rangelei um die Kapitänstellung im Hochbett nicht. Der Gesichtsausdruck meines Ältesten bestätigte meine Annahme, da brauchte ich gar nicht weiter nachzufragen. Ich strafte ihn mit einem wütenden Blick. Dann sauste ich in die Küche und holte für die Erstversorgung erst einmal eine Rolle Küchenpapier.

Das Steuer unseres doppelstöckigen Piraten-Abenteuerbetts befand sich natürlich in luftiger Höhe. Der Zutritt war trotz Fallschutz nur für den großen Bruder erlaubt und eine Tabuzone für den Vierjährigen, aber was kümmert die Normvorschrift spielende Kinder. Elternfehler! Jedenfalls: Wenn ein Kind beim Sturz dieser Art auch noch mit dem Kopf eine Rippe des Heizkörpers streift, kommt man als Mutter mit einem Pflaster nicht weit.

Ich versuchte, die Blutung so unter Kontrolle zu bekommen, dass ich einen Blick auf die Wunde werfen konnte, während ich meinen Sohn im Arm hielt und beruhigend auf ihn einredete:»Überhaupt nicht schlimm, mein Schatz, gleich ist alles wieder gut.«

Meinem damaligen Mann warf ich allerdings einen Blick zu, der genau das Gegenteil bedeutete. Er nickte nur kurz. »Ich hole schon mal das Auto«, sagte er dann, schnappte sich Sohn Nummer eins und lief aus dem Zimmer. In Sachen Erste Hilfe am Unfallort waren wir ein perfekt aufeinander eingespieltes Team: Wir hätten überzeugend in einer Krankenhaus-Soap mitspielen können. Mit einem Geschirrtuch bastelte ich noch schnell einen Notverband, und zwanzig Minuten später saßen wir in der Notaufnahme des Kinderkrankenhauses. Wieder einmal. Der letzte Besuch war gerade mal ein paar Wochen her – nach einem Kampf zwischen zwei Eisbären auf dem Wohnzimmerteppich, bei dem leider ein Glastisch im Weg stand.

Wäre es nicht eine super Idee, für den Besuch in der Notaufnahme ein Treuepunktesystem einzurichten? Wer zehn Mal im Zeitraum X die Notaufnahme besuchen muss, erhält einen Gutschein für eine Wellnessbehandlung, für einen Kurs zur Stressbewältigung oder für einen Friseurbesuch, um die grauen Haare zu färben, die einem diverse Aktionen der Jungs bescheren. Vielleicht sollte ich das einmal meiner Krankenkasse vorschlagen? Sozusagen als Präventivmaßnahme, um psychosomatischen Erkrankungen vorzubeugen. Denn auch wenn ich irgendwann lernte, professionell und ruhig zu handeln, gingen die gebrochenen Handgelenke und Arme, Platzwunden durch Hockeyschläger, Heizkörper und Glastischkanten, die Stürze von Bäumen und aus Hochbetten keineswegs spurlos an mir vorbei.

Meine Jungs hingegen steckten die kleinen Schmisse, die ihnen das Leben verpasste, gelassen ein. Vielleicht kein Wunder, denn Verletzungen und Schmerzen einzukassieren, gehörten zu ihrem Alltag, seit sie den Buggy verlassen hatten: Im Kampf um Harke, Förmchen, Eimer oder Schaufeln zogen sie sich selbige im Sandkasten über den Kopf. Zwei Jahre später lieferten sie sich im Kindergarten mit großer Freude Stockschwertkämpfe, die nicht selten mit diversen Verletzungen endeten. Oder sie schossen, je nach pädagogischer Ausrichtung der Tagesstätte, mit Plastikpistolen, selbst gebastelten oder imaginären Waffen aufeinander. (Das nur nebenbei. Es ist mir bis heute ein Rätsel, warum meine Jungs dreißig verschiedene Automodelle aufzählen und »Kalaschnikow« buchstabieren konnten, bevor sie in die erste Klasse kamen.) Auf jeden Fall: Es scheint, dass blaue Flecken und ein bisschen Blut für sie noch heute zum Toben gehören wie Nutella aufs Frühstücksbrötchen.

Wieso können meine Jungs keine Treppe nebeneinander hinaufgehen, ohne sich dabei in die Rippen zu boxen? Warum fesseln sie sich gegenseitig, bis Hände und Füße fast absterben drohen? Weshalb beschießen sie sich mit Softair-Kugeln, drehen sich bei einer Begegnung auf dem Flur spontan die Arme um oder nehmen sich, statt »Hallo!« zu sagen, erst einmal in den Schwitzkasten, schmeißen den anderen zu Boden und setzen sich in siegreicher Pose auf ihr Opfer? Erst nach dem obligatorischen Bruder-Rivalen-Machtkampf scheint eine verbale und trotz vorhergegangenen Schmerzes überraschend herzliche Begrüßung überhaupt erst möglich.

Ach, und was das weltweit verbreitete Fingerspiel Ching, Chang, Chong, auch Schere-Stein-Papier genannt, angeht: Es ist nicht nur ein wunderbarer Zeitvertreib auf langen Autofahrten oder im Wartezimmer, sondern auch bestens geeignet, um auszuknobeln, wer den Frühstückstisch ab- und die Geschirrspülmaschine einräumen oder aber den Hund ausführen muss. Wunderbar und harmlos. Zu harmlos für meine Jungs, die es kreativ an ihre Bedürfnisse angepasst und zur Variante »Ching, Chang, Schmerz!« umgemodelt haben. Wie die funktioniert? In jeder Runde darf der Sieger den Verlierer kurz drangsalieren, wobei der Fantasie wenig Grenzen gesetzt sind. Begleitet von vergnügtem Gekreische, kneifen und boxen sich die Brüder. Es ist schwer zu erkennen, wer mehr Freude daran hat: Opfer oder Täter. Das muss frau nicht verstehen, oder?

Ich jedenfalls würde lieber siebenmal den Geschirrspüler aus- und einräumen, als einen dieser Schläge zu kassieren. Aber ich bin ja auch als Kind in den Pausen Gummitwist gesprungen, statt Ringkämpfe auszufechten. Jedenfalls empfinde ich bis heute einfach keinerlei Freude an Schmerzen und Schlägen.

Wenn ich mich bedroht fühle, kann ich mich allerdings wehren. Als ich fünfzehn war, besuchte mich Peer, ein Klassenkamerad, zu Hause, um sich die Schularbeiten abzuholen. Plötzlich entdeckte er eine dicke, fette Spinne, schnappte sie und schwenkte sie vor meinem entsetzten Gesicht hin und her. Panisch kreischend lief ich davon, was seinen Jagdinstinkt offensichtlich erst richtig entfachte. Es gelang mir, ins Wohnzimmer zu flüchten. Kiloweise schüttete mein Körper Adrenalin aus und verlieh mir ungeahnte Kräfte, mit denen ich mich gegen die Glastür stemmte – bis Peer samt splitternder Glasfüllung auf einem Berg von Scherben vor mir lag. Die Schnitte mussten versorgt werden, Peer wurde ins Krankenhaus abtransportiert. Am nächsten Tag fragte er, ob ich mit ihm gehen wollte. Was für sonderbare Aktionen Jungs starten, um Mädchenherzen zu erobern!

All das Gerangel in meiner Jugend und meiner Söhne erschien mir allerdings als Gänseblümchen-Spielerei im Vergleich zu der Kindheitserinnerung, die ein Freund mir neulich offenbarte: »Mit etwa zehn Jahren lag ich eines Abends im Bett, als mir einfiel, dass ich das Zähneputzen vergessen hatte«, erzählte er. »Als ich aus dem Bad zurückkam, wunderte ich mich über ein sonderbares rötliches Licht unter meinem Bett. Ich warf mich auf den Boden und entdeckte ein altes Blechtablett, auf dem ein zerrissener Pappkarton brannte. Ich rannte ins Bad, füllte unsere Zahnputzbecher mit Wasser und löschte die Flammen. Was wäre passiert, wenn ich nicht noch einmal aufgestanden wäre? ›Bist du wahnsinnig! Du hättest uns alle töten können‹, schrie ich meinen Bruder an, der feixend unter der Decke hervorguckte. Ich riss ihn aus dem oberen Bett und sperrte ihn zur Strafe eine Stunde in den Kleiderschrank. Unserer Mutter erzählten wir natürlich nichts von dem Pyromanen-Aussetzer und saßen am nächsten Morgen wieder einträchtig am Frühstückstisch«, schloss er seine Erzählung.

Da konnte ich ja von Glück sagen, dass bei mir bisher nur die Nerven glühten. Obwohl … Vielleicht erlebte ich ja auch nur die Spitze des Eisbergs, und hinter meinem Rücken spielten sich noch ganz andere Gefahrenszenarien ab?

Mir scheint, manchmal ist es ein Segen, dass wir allzeit besorgten Glucken nicht alles mitkriegen, was unsere Küken hinter unserem Rücken so treiben. Vieles davon beichten sie Jahrzehnte später dann freiwillig. Meine Söhne waren zwar Gott sei Dank nicht auf die Idee gekommen, Feuer im Kinderzimmer zu legen, aber vor ein paar Wochen erfuhr ich beispielsweise, dass mein damals fünfjähriger zweiter Sohn in unserem Österreichurlaub keineswegs in den eiskalten Bergsee gefallen war. Nein, sein Bruder hatte ihn aus Spaß (!) hineingeschubst. Danach hütete er drei Tage mit Fieber das Bett, und es hätte noch schlimmer kommen können.

Über die Jahre habe ich gelernt, dass Jungs ihre Zuneigung häufig und gern über »Körpersprache« ausdrücken. Wahrscheinlich ist das, was für mich wie eine mittlere Prügelei aussieht, eigentlich eine liebevolle Umarmung.

In einem der zahlreichen Lehrer-Eltern-Kinder-Gespräche empörte sich ein Vater:»Ihr Sohn hat Grenzen überschritten, er hat Gewalt gegen unsere Tochter ausgeübt, wir dulden diese Übergriffe nicht länger.« Erschrocken guckte ich zu

Sohn Nummer drei. »Er hat unsere Aurora mehrfach an ihrer neuen Strickjacke gezogen!« Dabei deutete er so wütend auf unseren bedröppelt aus der Wäsche guckenden Sohn, als hätte dieser die Tochter gefesselt und geknebelt, während Aurora ihn schüchtern-verschmitzt anlächelte. Ich glaube, irgendetwas war da schiefgelaufen in der Eltern-Kind-Kommunikation. Auf mich wirkte Aurora keinesfalls ängstlich oder verstört. Nach den Blicken, die sie meinem Sohn zuwarf, schien sie seine Kommunikationsversuche richtig zu deuten. Wäre da nicht der tobende Vater gewesen, hätte Aurora meinen Sohn vermutlich auch lieber zum Spielen eingeladen, statt in diesem peinlichen Gespräch zu sitzen.

Einige Jahre später warf mein jüngster Sohn einen Kugelschreiber nach einem Mädchen. Ich könnte mir vorstellen, dass auch dies eine liebevolle Neckerei sein sollte. Dummerweise traf er sie aber mit dem Stift nur knapp unterm Auge. Um dem Ganzen wenigstens etwas Positives abzugewinnen, tröstete ich mich damit, dass die Jungs immerhin schon mal begriffen hatten, dass man Mädchenherzen nicht mit Boxhieben und Ringkämpfen erobert.

»Versuchen Sie das Verhalten Ihrer Söhne mehr mit zoologischem Interesse zu betrachten«, hatte mir vor vielen Jahren ein Erziehungsberater mit auf den Weg gegeben. Ich habe mich darin geübt. Und tatsächlich half es mir, das wilde Treiben mit einem gesunden Abstand und etwas entspannter zu betrachten. Auch die Tierabenteuer, die ich als Reisejournalistin erleben durfte, erweiterten meinen Mutter-Horizont. Vor einigen Jahren durfte ich nach Uganda reisen, um Gorillas in ihrer natürlichen Umgebung zu beobachten. Stundenlang wanderten wir schwitzend abseits aller befestigten Wege in feuchtwarmer Luft durch den Regenwald, balancierten auf Baumstämmen über Bäche, rutschten auf dem Hosenboden Abhänge hinunter, hangelten uns an Zweigen und Lianen die Hügel hinauf. Dann erreichten wir die Lichtung, auf der die Gorillas gesichtet wurden. Plötzlich stank es bestialisch. Angelockt von dem strengen Geruch, schwirrten Millionen winziger Fliegen über der Lichtung. So »duftet« nur ein Silberrücken. Und tatsächlich: Sekunden später knackte es im Gebüsch, und der eins achtzig große und rund zweihundert Kilo schwere Boss der Gruppe tauchte auf. Dann sahen wir den Rest der Familie: Eine Gorilladame saß auf dem Waldboden, zupfte Blätter von einem Strauch und schob sich genüsslich eine Handvoll nach der anderen in den Mund. Eine Mutter stolzierte mit ihrem Baby auf dem Rücken dicht an mir vorbei, eine andere stillte ihr Baby. Die Art, wie sie es dabei im Arm hielt, die Nähe, der liebevolle Blick, mit dem sie es beim Trinken beobachtete – genau so hatte ich es erlebt. Und die Nähe zu dieser Gorillamutter und das überwältigende Gefühl, diesen intimen Moment miterleben zu dürfen, rührten mich so sehr, dass ich Tränen aufkommen spürte.

Jäh wurde ich aus meinen Emotionen gerissen, als zwei Halbstarke spielerisch rangelnd durch die friedliche Szene tobten – bis sie unvermittelt innehielten. Ein weiterer Silberrücken näherte sich der Familie. Der Gigant richtete sich zu seiner vollen Körpergröße auf, trommelte sich furchterregend mit den Fäusten auf die Brust, stieß ein Grunzen aus und rannte wutschnaubend auf seinen Kollegen zu, der das gleiche beeindruckende Imponiergehabe zeigte. Mit einigen dominanten Gesten und gefährlich klingenden Geräuschen schlug er den Eindringling schließlich in die Flucht. Der Anblick der fürsorglichen Mütter und rangelnden Jugendlichen erinnerte mich an mein eigenes Familienleben. Allerdings konnte ich von den Gorillamüttern eine Menge lernen. Während ich zugegebenermaßen ab und zu die Nerven verlor in meinem kleinen Affengehege und zeternd oder schreiend durchs Haus tobte, schenkten sie den Teenie-Kämpfen und dem Imponiergehabe wenig Aufmerksamkeit: Sie gingen einfach weiter entspannt ihrer jeweiligen Beschäftigung nach. War die Verletzungsrate der Gorilla-Testosteron-Pakete vielleicht geringer als die bei mir zu Hause? Im Urwald gibt es ja weder Piratenbetten noch Glastische oder Heizkörper. Und auch keine Pistolen …

»Peng! Du bist tot.« Ich wette, dass es kaum eine Jungsmutter gibt, die noch nicht von ihrem Sohn beschossen wurde. Kaum sind Jungs aus den Windeln, greifen sie zu Spielwaffen. Als Einsteigermodell dienen den Jüngsten Bananen und Stöcke, ein paar Jahre später sind es dann oft die Spielzeugpistole oder das Laserschwert. Auch bei uns zogen mit Sohn Nummer eins die Waffen ins Haus und blieben ein Vierteljahrhundert. Im Zuge des Desensibilisierungsprozesses gewöhnte ich mich über die Jahre weitestgehend an das Geballer um mich herum, aber trotzdem beschäftigte mich immer wieder die Frage: Schadet das Spielen mit Waffen der Entwicklung? Verursacht das Schießen, Kämpfen, Schwertschwingen vielleicht nachhaltige, sogar lebenslange Schäden? Macht es die Söhne gewaltbereiter?

Während der Arbeit an diesem Buch sprach ich mehrmals

mit Dr. Reinhard Winter. Er ist Pädagoge, Erziehungswissenschaftler und Autor und gab mir erhellende Antworten auf viele meiner Fragen rund um das Leben mit Jungs. Wer nicht das Glück hat, den Fachmann persönlich zu erwischen, dem empfehle ich unbedingt seine Bücher zum Thema. Wie: *Jungen. Eine Gebrauchsanweisung, Wie Jungen Schule schaffen* und einige mehr.

Auch bei meinen Sorgen und Gedanken zum Thema Waffen haben seine Antworten sehr geholfen und mich vor allem beruhigt: »Viele Jungs lieben Waffen. Und das ist auch in Ordnung«, erklärte er mir. »Beim spielerischen Umgang damit bauen Jungs nicht nur überschüssige Energie ab, sondern lernen auch, sich mit Risiken auseinanderzusetzen – und mit ihrem Größenwahn.«

Kraft einsetzen könnten sie natürlich auch beim Sport oder bei der Gartenarbeit, dachte ich spontan. Aber ehrlich gesagt: Haben wir Daniel Craig als James Bond oder Tom Cruise als Ethan Hunt in *Mission Impossible* jemals Muttis Hecke schneiden sehen? Winter bestätigte meine Gedanken: »Starke Männer und Helden haben Waffen! Und das nicht nur im Kino und in den Medien, sondern überall im Alltag, vom Stadtteil-Polizisten über Soldaten bis zum Ritter im Spielzeugladen. Und eine Waffe verleiht Jungs eine Extraportion Macht.«

Innerlich seufzte ich und verstand: Die Heckenschere verspricht einem natürlich keine Macht, wie sollte sie da mit Pistolen und Schwertern mithalten? Auch wenn wir Mütter uns das wünschen würden – für eine gewaltfreie Welt.

»Kinder bespielen ihre Welt«, fuhr Winter fort. »Und in der Welt der Jungs geht es häufig um Konkurrenz, um das Stärkersein, darum rangeln sie. Mädchen hingegen spielen, trotz Kampf um Gleichberechtigung und Genderbewegung, gesellschafts- und rollenbedingt, häufig das Familienleben nach. Eine Welt, die keineswegs immer heil ist, in der es zu Schlägen, Missbrauch und Vernachlässigung kommen kann. Wollte man also Jungs aus Angst, sie würden eines Tages eine Bank überfallen, das Spielen mit Waffen verbieten, müsste man Mädchen auch untersagen, Familie zu spielen ...«

Für mich klingen Winters Ausführungen verständlich – heute. Denn ich habe mittlerweile miterleben dürfen, dass meine vier Jungs sich trotz leidenschaftlicher Schwertkämpfe und Platzpatronen-, Paintball- oder Softair-Schießereien zu friedliebenden jungen Männern entwickelt haben.

Was das Schießen angeht: Ab und zu bringe ich meinem gelehrigen Carlo aus Spaß ein paar Kunststücke bei. Neben den Hundebasics wie Sitz!, Platz!, Bleib! macht er auf Befehl zum Beispiel eine lustige Rückenrolle. Fünfundzwanzig Jahre Geballere um mich herum haben jedoch auch hier ihre Spuren hinterlassen. Seit letzter Woche fällt Carlo auf die Seite und bleibt regungslos liegen, wenn ich Daumen und Zeigefinger wie eine Waffe auf ihn richte und »Peng! Du bist tot« rufe.

All das Raufen, Ringen, Rumtoben, all die blutigen Nasen gehören nicht nur zum Großwerden, sondern sind sogar immens wichtig für die Entwicklung, wie ich inzwischen gelernt habe. Es gibt zig Artikel und Dutzende von Büchern, die sich mit dem Verhalten und Heranwachsen von Jungs beschäftigen und in denen man nachlesen kann, was die Gorillamütter längst wussten: alles normal, alles kein Grund zur Aufregung.

Also – welche Rolle genau spielt das Kämpfen in der Entwicklung von Jungs? (Und natürlich auch für unsere Mädchen, wobei ich noch nie ein Mädchen gesehen habe, das Ching, Chang, Schmerz spielt oder sich aus Vergnügen blau geschlagen hat.)

Auch zu diesem Thema sprach ich mit Dr. Reinhard Winter und kam zu dem Schluss:

- Jungs und Mädchen lernen beim Kämpfen oder Raufen, angemessen auf Bedrohungen zu reagieren, und indem sie sich wehren, werden sie seltener in Opferrollen gezwungen.
- Das Bewusstsein für die eigenen körperlichen Grenzen wird gefördert.
- Das Einstecken von Niederlagen erhöht die Frustrationstoleranz: Die Jungs lernen, besser mit Fehlschlägen umzugehen.
- Kämpfen braucht Konzentration und kann sich damit auch positiv aufs Lernen auswirken.
- Taktik, Ausdauer und Willenskraft werden geschult.
- Rangeln macht mutig und erhöht das Selbstwertgefühl.

Klingt wie eine Hommage an das Kämpfen. Aber ganz so einfach ist es natürlich auch wieder nicht. Denn Kämpfe stellen zwar eine Möglichkeit für Jungs auf ihrem Entwicklungsweg dar. Es gibt aber natürlich auch Jungs, die das gar nicht mögen und trotzdem ausgesprochen gute Männer werden.

Fazit: Als Junge kann man kämpfen, wenn man es mag, muss es aber nicht. Und wie bei vielen Aktivitäten oder überhaupt im Leben gilt: Wenn es ausschließlich oder zu einseitig wird, ist das Kämpfen auch nicht mehr gesund. Es müssen selbstverständlich Regeln aufgestellt werden. Am wichtigsten: Schluss bedeutet Schluss! Und es ist – bei aller Toleranz –

wichtig, die Kampfhähne im Auge zu behalten, damit die Raufereien wirklich nicht ausarten. Aber ansonsten gibt es dafür ein dickes »Go«!

Selbst wenn meine Jungs schon fast alle erwachsen sind, kämpfen tun sie noch immer, sobald sie sich begegnen. »Das wird auch so bleiben, selbst wenn wir selber Kinder haben«, erklärte mir neulich Sohn Nummer drei auf mein genervtes Stöhnen und die Frage, ob das nicht irgendwann mal vorbeiginge mit der brüderlichen Rangelei. »Weil es einfach sein muss und Spaß macht!«

Also übe ich mich weiterhin darin, meine Söhne sich fröhlich durch die verschiedenen Jahrzehnte entwickeln zu lassen und tief durchzuatmen. Und bin sehr gespannt, was da alles noch so kommt.

Ich wünschte, dass ich schon früher mehr gelernt und mich mit Experten wie Dr. Reinhard Winter beraten hätte, aber spät ist ja bekanntlich besser als nie.

Zumindest habe ich mir fest vorgenommen, toleranter und vor allem wohlwollend die immer noch stattfindenden Interaktionen, ob bei meinen Söhnen, Kindern von Freunden oder eines Tages meinen Enkeln, zu ignorieren, statt sie auszubremsen (klappt sowieso nicht) oder, noch schlimmer, ihnen die Botschaft zu vermitteln: Du bist zu wild, zu laut, zu kampflustig – verkehrt!

Aber Theorie und Praxis sind bekanntlich zweierlei.

Trotz aller Erkenntnisse über die Bedeutung von Raufen, Kämpfen und Co. scheinen Kita-Mitarbeiter, Erzieherinnen, Lehrkräfte meist wenig entspannt, wenn Jungs übereinander herfallen, sich austoben, auf dem Boden wälzen, ihre Kräfte messen. Warum? Vielleicht, weil sie Sorge haben, dass es ausarten könnte. Vielleicht, weil sie Angst vor Täter-Opfer-Elterngesprächen haben, in denen diese Vorfälle thematisiert werden. Vielleicht aber auch, weil sie schlichtweg keine Lust haben, regelmäßig das Blut vom Fußboden zu kratzen.

Neulich bin ich in Sachen Durchatmen auch mal wieder gescheitert. »Ah! Autsch! Aufhören!«, gellten die Schreie von Sohn Nummer vier bis in mein Arbeitszimmer. Ich atmete auf vier ein und auf sechs wieder aus, als neuerliche Schreie ertönten. »Hilfeeeee! Ich krieg keine Luft mehr!« Was nützt die beste Atemtechnik, wenn es um das Leben des Kindes geht. Ich sprang von meinem Stuhl auf, rannte über den Flur und riss die Zimmertür auf: »Stopp! Auseinander! Es reicht!«, schrie ich. Sohn Nummer drei und vier standen in einem nicht zu definierenden Knäuel an die Wand gedrückt. Als hätte jemand die Freeze-Taste gedrückt, hielten sie in der physiologisch ungünstigen Stellung inne. »Was ist denn jetzt schon wieder, Mami?«, fragte der Ältere genervt. »Es ist alles okay. Können wir jetzt bitte weitermachen? Den Lauch hier zu knechten, macht einfach super Spaß.«

Wie zur Bestätigung grinste mein Jüngster seinen Bruder frech an.

Das soll eine verstehen …

Aber ich übe und lerne. Systematische Desensibilisierung heißt so etwas in der Verhaltenstherapie. Im Mittelpunkt steht die wiederholte Konfrontation mit dem Angst auslösenden Thema. Erste Erfolge kann ich bereits verzeichnen. Als ich ein paar Tage später in das Zimmer von Sohn Nummer vier kam, um mit ihm über eine bevorstehende Mathearbeit zu sprechen, fand ich stattdessen Sohn Nummer drei entspannt auf dem Bett seines Bruders liegen. Meinen Jüngsten konnte ich zunächst nicht ausmachen, dann realisierte ich, dass sein Kopf zwischen den Beinen seines Bruders steckte: festgeschraubt wie in einer Art Beinzange. Er nahm die Drangsalierung in stoischer Ruhe hin. So ähnlich wie unser Hund Carlo, den ich in seinem Korb anbinde, wenn er Besucher belästigt.

»Wie weit bist du mit dem Satz des Pythagoras?«, fragte ich ihn. Ob aus Atemnot oder Faulheit – Sohn Nummer vier streckte mir nur den nach oben zeigenden Daumen entgegen.

»Prima, dann mache ich jetzt Abendbrot«, sagte ich und verließ das Zimmer, ohne die Situation auch nur mit einem weiteren Wort zu kommentieren.

Ich finde es dennoch immer wieder erheiternd und gleichzeitig eben auch beruhigend, wenn ich von anderen Jungsmüttern ähnliche Geschichten höre. Zum Beispiel von Isabelle. Unsere regelmäßigen Morgenspaziergänge sind nicht nur ein Fest für unsere beiden Hunde, die sich prächtig miteinander vergnügen, sondern meist auch eine kleine Therapieeinheit für uns. Gerade auch wieder zum Thema Rangeleien. Beim abendlichen Schmusen verriet ihr Sohn Paul ihr einmal, dass er seinen Bruder Tom am allerliebsten habe aus der Familie, weil man mit dem immer so schön spielen könne. »Aber«, fügte sie lachend hinzu, »das war nach einem Tag, an dem sich die beiden besonders viel gekloppt hatten und gerade Paul schrecklich geheult hatte.«

Derart gestärkt, absolvierte ich letztens die Kür aller Übungen. Als ich ins Badezimmer kam, sah dies aus wie der Schauplatz für einen Horrorfilm: Blutspritzer im Waschbecken und am Spiegel, rot getränkte Klopapierfetzen überall auf dem Boden, nachlässig liegen gelassen. Statt (wie früher) nach der Blutungsursache zu fragen und Verletzungen zu untersuchen, rief ich nur noch durchs Haus: »Wer von euch hat hier zuletzt geblutet? Sofort sauber machen!« Dann schenkte ich mir ein Glas Wein ein, legte mich entspannt aufs Sofa und sagte mir: Sie lieben sich. Da bin ich mir hundert Prozent sicher.

Und was die Verletzungen betrifft: Die Zeit, in der sie sich aus Piratenbetten oder in Eisseen schubsten, ist Gott sei Dank vorbei. Unfälle, Schrammen und Wunden gibt's noch immer. Aber drei von vier haben einen Führerschein und können sich selbst oder gegenseitig in die Klinik fahren. Und meistens kriege ich davon aus der Ferne nur noch selten etwas mit, oder wenn, dann viel später. »Damit du dich nicht immer so aufregst und dir so viele Sorgen machst«, erklärte mir Sohn Nummer vier neulich.

Und was soll ich sagen? Seitdem habe ich tatsächlich etwas seltener dieses nervöse Zucken im rechten Auge. Und ich schlafe auch besser, aber natürlich für alle Fälle mit dem Handy auf dem Nachttisch.

4

»Sind Männer eigentlich immer klüger als Frauen, Mami?« – meine steile Lernkurve in Sachen Gleichberechtigung

Wie erzieht man Jungs zu Männern?
Werden Frauen eigentlich mit dem Wischmopp in der
Hand geboren, und was genau bedeutet
stärkenbasiertes Arbeiten?
Über artgerechte Mütterhaltung und warum ich nicht
mehr heimlich am Schreibtisch arbeite.

Entspannt und zufrieden lag ich auf dem Sofa, während mein Sohn in der Küche herumwurschtelte und sich Essen machte. Was für ein herrliches Gefühl, nicht mehr ausschließlich für die Nahrungsaufnahme zuständig zu sein. Mit geschlossenen Augen lauschte ich dem leisen Klappern und Hantieren. Bis er in meine meditative Pause platzte: »Mami, woran erkennt man eigentlich, dass das Wasser kocht?«

Ich zuckte zusammen. Die Frage kam keineswegs aus dem niedlichen Mund eines Sechsjährigen, der auf einem Hocker vor dem Herd stand und eifrig seine erste selbst gekochte Mahlzeit zubereiten wollte, sondern von meinem ältesten, damals sechzehnjährigen Sohn.

»Das meinst du doch jetzt nicht ernst, oder?«, fragte ich in Richtung Küche.

»Doch, klar! Also, sag jetzt mal, am Dampf, oder?«

Zack! Mit Wucht trafen die Wörter mein Feministinnenherz. Versagt auf ganzer Linie. Null Punkte für die Erziehung heranwachsender Jungs in Sachen Gleichberechtigung gehen an: Adrienne Friedlaender.

Ich übe mich ständig darin, meinen Fokus statt auf das, was nicht klappt, auf die funktionierenden Dinge zu richten. Das boostert die Lebensfreude wirklich ungemein. Diesmal allerdings scheiterte ich kolossal an der positiven Betrachtung der Situation. Es wollte mir einfach nicht gelingen, mich darüber zu freuen, dass mein Sohn Ansätze zeigte, sich selbstständig ums Essen zu kümmern, dass es ihm nicht nur gelungen war, Wasser in den Topf zu füllen, sondern auch den Herd anzuschalten. Gleichzeitig sprudelte mein Schuldbewusstsein wie eine übel riechende Schwefelquelle. Ganz offensichtlich hatte ich es versäumt, ihm die Grundlagen des Kochens zu vermitteln. Und auf diese Erkenntnis folgte dann auch noch der verbale Todesstoß von ihm: »Ich muss das nicht alles wissen. Das kann später meine Frau machen.« Sprachlos blieb ich auf meinem Sofa zurück.

Bis zu diesem Tag hatte ich gedacht, ich sei eine Frau, die für Gleichberechtigung kämpft und ihren Söhnen feministische Werte vermittelt. Aber mein jüngster Sohn dachte ja eine Zeit lang auch, dass er Fußball spielen kann wie Cristiano Ronaldo. In puncto Selbstwahrnehmung war bei mir also Luft nach oben, mindestens so viel, wie kochendes Wasser Bläschen bildet, was ich meinem Sohn schließlich erklärte.

Ich weiß noch nicht, ob mich das wirklich tröstet, aber immerhin bin ich nicht die Einzige, die sich immer wieder dabei ertappt, in alte Frauenrollen und Muster zu verfallen. Das Nudelwasserdesaster war ein längst überfälliger Wink mit dem Zaunpfahl, dass es höchste Zeit war, meine Erziehung noch mal unter die Lupe zu nehmen. Wie genderneutral habe ich meine Jungs erzogen? Wie geschlechterstereotyp habe ich mich verhalten?

Über die Kluft zwischen Denken und Handeln hat meine Freundin Heike Kleen ein wunderbares Buch geschrieben: *Geständnisse einer Teilzeitfeministin. Der Verstand ist willig, aber der Alltag macht mich schwach.* »Die Feministin in mir wird ständig vom Leben überrumpelt und in die Knie gezwungen – und viel zu oft bemerke ich das erst im Nachhinein«, offenbart sie und schildert so offen wie humorvoll ihr oft paradoxes Verhalten, um dabei zu ergründen, warum sie es bis heute nicht immer schafft, »gleichberechtigt zu leben, zu denken und zu handeln«. Ihren Sohn will sie zu einem »sanftmütigen, liebevollen Menschen« erziehen. Doch als er sich klaglos von einem anderen Jungen vermöbeln ließ, riet sie zu ihrem eigenen Entsetzen, dass er jetzt mal kräftig zurückhauen solle.

Also: Was habe *ich* meinen Jungs im echten Leben vorgelebt in puncto Gleichberechtigung und Geschlechterneutralität?

Klar, ich bin viel gereist für meine Reportagen und habe ihnen damit gezeigt, wie wichtig mir mein Job ist, habe sogar einmal einen vorgetäuschten Motorschaden hinter der geöffneten Haube mit geschickten Frauenhänden »repariert«, weil mir ihr »Papi kann alles« so auf den Zeiger ging. Und ich stehe auch dazu, dass es an manchen Tagen nur Tiefkühlessen gibt, weil ich es nicht rechtzeitig vom Schreibtisch in die Küche schaffe.

Stopp! Da tappe ich jetzt, beim Schreiben, in meine eigene Falle. Warum denke ich denn automatisch, dass ich allein zuständig für Küche und Co. bin? In anderen Familien helfen die Kinder häufig beim Kochen. Und auch mein Ex-Ehemann hat gut und sehr gern für uns gekocht. Fiel es mir vielleicht schwer, die Verantwortung für die Versorgung abzugeben, weil meine Mutter keine Freude am Kochen hatte und für uns Kinder wenig verfügbar war? Habe ich Essenszubereitung mit Fürsorge verwechselt und wollte es deshalb besser machen mit meinen Kindern? Apropos nicht rechtzeitig vom Schreibtisch in die Küche ... Früher habe ich ausschließlich am Schreibtisch gesessen, wenn die Jungs in der Schule waren. Kurz bevor sie nach Hause kamen, habe ich dann schnell die Wäsche aufgehängt, angefangen zu kochen, et cetera. Warum? Auch da haben mich alte Muster und Glaubenssätze eingeholt: Die Kinder soll(t)en nicht unter meiner Berufstätigkeit leiden. Das ist doch völlig verrückt, oder? Ich glaube nicht, dass die Väter der Söhne jemals in diese Richtung gedacht haben.

Es ist immer spannend, hinter die eigene Fassade zu schauen und zu überlegen, woher unsere Glaubenssätze kommen und ob wir sie so weitergeben möchten.

Lange lag in Sachen handwerkliche Tätigkeiten einiges im Argen bei mir. Davor hatte ich mich bis zur Trennung elegant gedrückt – die Fünfzigerjahre lassen grüßen. Was dabei herausgekommen war: Als ein paar Monate nach dem Auszug meines Mannes einmal die Öllampe in meinem Auto leuchtete, fuhr ich zur Tankstelle. Dort kaufte ich das passende Öl – und fand den Hebel nicht, um die Motorhaube zu öffnen. Bei meinem eigenen Auto! Das Grinsen des Tankstellenmitarbeiters war demütigend.

Tja, und ich kann an einer Hand abzählen, wie oft ich den Rasenmäher in der Hand hatte. Und ganz schlimm: Bis heute habe ich nicht ein einziges Mal mein Rad geflickt. Auch diese Arbeit habe ich früher gern den Ehemännern überlassen, heute übertrage ich sie meinen Söhnen. Warum mähe ich nicht den Rasen, zeige ihnen, wie man Fenster putzt und lasse mir im Gegenzug endlich erklären, wie man ein Rad repariert? Selbst wenn ich mich kaum traue, die Antwort offen zu verkünden, lautet die Antwort schlicht und einfach: Weil ich Rasenmähen hasse! Und ich würde auch lieber drei Klos putzen, als ein Rad flicken zu müssen. So, jetzt ist es raus. Andererseits habe ich mich auch nie »frauentypisch« auf die Nähmaschine gestürzt, um etwa für meine geliebten Kinder Faschingskostüme zu nähen, sondern arbeite lieber an einem Schreibauftrag. Und auch heute noch bringe ich Mäntel und Hosen zum Änderungsdienst, um Knöpfe annähen zu lassen. Mal ganz abgesehen von meinem Kochtrauma, das hatten wir ja schon.

Stärkenbasiertes Arbeiten nennt man das. Das bedeutet, Talent, Begabung und Begeisterung für eine Tätigkeit kommen zusammen, und das führt dann zu einem tollen Ergebnis. Also: Ob nun typisch männlich oder typisch weiblich, jeder soll sich mit seiner Aufgabe wohlfühlen und erledigt sie dann einwandfrei. Klingt überzeugend, oder? Im Umkehrschluss versuche ich mich dann um Tätigkeiten zu drücken, die mir keinen Spaß machen. Da halte ich es genauso wie meine Jungs, und das fühlt sich für mich dann doch wieder wie gelebte Gleichberechtigung an. Aber am Ende muss halt, Berufung oder nicht, einer den Rasen mähen, und solange ich das letzte Wort habe, bin das nicht ich.

Kurz nach dem Nudelwasser-Desaster schnappte ich mir meinen Großen im Kampf um gleiche Pflichten für Frauen und Männer im Haushalt und fragte: »Könntest du bitte die Schränke in der Küche auswischen?«

Bereitwillig stimmte er zu. Zwanzig Minuten später allerdings lagen Schwamm und Lappen in der Spüle, mein Sohn auf dem Sofa. »Weißt du eigentlich, wie krass anstrengend das ist?«, erklärte er mir. »Ich muss mich erst mal ausruhen.« Natürlich werden beim Putzen andere Muskeln betätigt als beim Hockey, beim Lauftraining oder Boxen. Aber dass ein Sportler nach zwanzig Minuten Hausarbeit kraftlos zusammenbricht? Bevor ich weiter nachfragte, fügte er erklärend hinzu: »Weißt du, Mami, dir macht das nichts aus, weil du solche Arbeiten gewohnt bist.«

Denken Jungs eigentlich, dass Frauen mit dem Wischmopp in der Hand geboren werden und so selbstverständlich, wie die Vögel morgens zwitschern, im Putzmodus aufwachen, um dann vergnügt zu kochen, zu putzen und zu waschen, bis sie am Abend erfüllt ins Bett fallen? Ich musste an die Geschichte denken, die meine Freundin Ada mir neulich erzählt hatte, als wir uns einen schönen Abend machten.

Für sie begann der lang geplante Frauenabend mit der Frage ihres Sohnes: »Warum willst du denn weggehen, Mami? Du hast doch hier zu Hause alles, was du brauchst.«

Ich nehme an, dass sich sein Weltbild, das unausgesprochen zwischen diesen beiden Sätzen lag, nicht nur mit dem meiner Jungs deckte, sondern auch mit dem vieler reizender Söhne überall auf der Welt. Artgerechte Mütterhaltung ist: ein Dach über dem Kopf, ein Badezimmer und einen Platz zum Schlafen, Supermärkte in erreichbarer Nähe und ein Waschkeller, weil Mütter sich doch immer so freuen, wenn ihre Kinder sauber und gut angezogen sind. Und, als absolute Krönung des Glücks: die Küche, wo die ambitionierte Mutter ungebremst ihre Leidenschaft ausleben kann, die Familie mit schmackhafter Nahrung zu versorgen.

Ada war nicht nur amüsiert, sondern eigentlich auch schockiert von der Aussage ihres Sohnes. »Wenn meine Mutter sich früher über zu wenig Unterstützung im Haushalt beschwerte, sagte mein Vater immer zu ihr: ›Was willst du eigentlich? Du bist doch glücklich! Ich liebe dich!‹ Damit war die Diskussion erledigt.« Und nun schlug ihr Sohn, trotz aller Bemühungen zur gendergerechten Erziehung, in die gleiche Kerbe.

Vorbilder und Erziehung in der Familie sind jedoch nur ein Beitrag zur Entwicklung, der Einfluss der Gesellschaft spielt ebenfalls eine große Rolle. Das konnte ich immer wieder bei meinen Kindern feststellen.

Als mein Sohn Nummer zwei drei Jahre alt war und wir eines Morgens einträchtig im Bad standen, musterte er kritisch meinen Körper, verglich meine »schokopuddingschlackerigen« Beine mit den lederfußballfesten seines Vaters und fragte: »Werde ich später eigentlich ein Mann oder eine Frau?«

Vielleicht ging es meinem klugen Sohn dabei gar nicht

nur um die Konsistenz der Muskulatur. Vielleicht hatte er ja beobachtet, dass seine Mutter regelmäßig riesige Wäschekörbe, gewaltige Einkaufstüten, ja sogar Kinder trug, den Hund zum Tierarzt brachte, Geschenke für die Oma kaufte und stundenlang räumte, kochte und putzte. Sah das für ihn nach Spaß aus? Wer mochte da noch eine Frau werden?

Ich glaube, wir Mütter sollten auf keinen Fall versäumen, unseren geliebten Jungs im Laufe der Erziehungsarbeit mitzuteilen, dass wir auch ganz normale Menschen sind, die lieber auf dem Sofa liegen, Sport machen, Freunde treffen, Netflix gucken oder tanzen gehen, als unentwegt durchs Haus zu fegen, im wahrsten Sinne des Wortes. Aber irgendjemand muss die Haus- und Sorgearbeit (zu Neudeutsch: Care-Arbeit) eben machen – und am besten teilt man diese gerecht auf zwischen Männern und Frauen, Töchtern und Söhnen.

In all den Jahren mit meinen Jungs war es immer mein Anspruch, ihnen Geschlechtergerechtigkeit zu vermitteln und vorzuleben. Das hat leider nicht durchweg geklappt. Ob es mir da vielleicht so ähnlich wie meinem Hund Carlo geht? Er dreht sich, bevor er sich zum Schlafen in seinen Korb plumpsen lässt, immer mehrmals im Kreis. Seine Vorfahren in der Wildnis taten dies, um hohes Gras und Unterholz platt zu treten, um sich einen bequemen Schlafplatz zu bereiten. Und obwohl Carlo längst vor der Heizung auf einem Kissen schläft, kommt er aus der Nummer einfach nicht raus. Lasse auch ich mich vielleicht ab und zu unbewusst von einem Steinzeitimpuls steuern?

Noch immer kann es passieren, dass ich auf ein »Ich bin so hungrig, Mami, wann machst du (!) Essen?« keineswegs antworte: »Das Essen steht im Kochbuch auf Seite zwölf«, sondern sofort aufspringe und an den Herd eile, weil ich mich für die Versorgung zuständig fühle. Obwohl meine Jungs nicht wie ihre Steinzeitvorfahren täglich auf die Jagd gehen, um das Essen für die Familie zu erlegen, sammele ich noch immer daheim brav die Beeren, stehe am Feuer, reinige die Hütte und bereite das Mahl.

Vielleicht braucht es noch ein paar Jahrzehnte, bevor wir Frauen nicht mehr in die rostigen Rollenfallen treten und ganz selbstverständlich in der Gleichberechtigung angekommen sind.

Aber trotz einiger Rückfälle und Niederlagen, Hashtag Küchenschrankreinigung, wurde ich nicht müde zu üben. Zuletzt nach dem Sonntagsfrühstück. »Ich habe Brötchen geholt und den Tisch gedeckt. Es wäre schön, wenn ihr ihn gemeinsam abdecken würdet.«

Die vier Söhne unterhielten sich fröhlich weiter.

»Deckt bitte den Tisch ab, ich gehe jetzt mit dem Hund raus«, formulierte ich es etwas konkreter.

Erneut prallte die Aufforderung ungehört ab. Was jetzt passierte?

Normalerweise hätte ich zu meckern begonnen wie eine Schallplatte mit Sprung und unsinnige Drohungen ausgesprochen à la »Wenn ihr jetzt nicht abräumt … mache ich nie wieder Frühstück, gibt es heute kein Abendessen, streiche ich die Computerzeit«.

Diese Art von Gezeter ignorierten die Jungs seit Längerem wie das Scheppern der Müllabfuhr auf der Straße. Sie wussten: Am Ende knicke ich doch ein und mache die Arbeit selbst.

Diesmal schockierte ich sie mit Schweigen und verließ zur totalen Irritation einfach das Esszimmer.

»Was ist denn mit der los? Was machen wir denn jetzt mit dem Tisch?«, hörte ich Sohn Nummer drei noch beim Rausgehen. Dann klapperte plötzlich Geschirr. Als ich eine Stunde später zurückkehrte, war alles aufgeräumt. So lief das also.

Eine Woche später hatte ich meinen Schweige-Erfolg schon wieder vergessen. In meinem Frust über die Unordnung, über den nie endenden Kampf gegen Schmutz und Wäscheberge war ich das ganze Wochenende wie ein durchziehendes Tiefdruckgebiet durch die Wohnung gestürmt.

»Wieso hilft eigentlich nie jemand bei irgendwas? Wieso muss ich immer alles allein machen? Ihr habt die Schule, aber ich habe auch meinen Job. Ich war heute schon zwei Stunden mit dem Hund draußen, habe das Auto in die Reparatur gebracht, Wäschekörbe und Einkäufe geschleppt – ich kann nicht mehr!«

»Irgendwas stimmt mit meinen Ohren nicht«, sagte Sohn Nummer vier, während er mit fragendem Gesichtsausdruck mit beiden Zeigefingern in den Ohren pulte. »Ich höre irgendwie immer nur mieep, mieeep, mieep.«

Gleichzeitig streckte Sohn Nummer drei mir den Arm entgegen und drückte demonstrativ auf eine imaginäre Fernbedienung. »Der Aus-Knopf funktioniert nicht. Wie kann ich sie abstellen?«

Lachend nahm ich die beiden in den Arm. Ich hatte die Message verstanden.

Dennoch setzte ich mich am Abend hin und schrieb einen Brief:

Androhung: Warnstreik!

- *Bitte stellt künftig keine leeren Milchtüten, Käseverpackungen und Ketchup-Flaschen zurück in den Kühlschrank, nur weil der Weg dahin kürzer ist als bis zum Mülleimer.*
- *Dreckige Teller gehören nicht vor, sondern in die Geschirrspülmaschine.*
- *Hört auf, eure verdreckten Schuhe in den Flur zu schmeißen, es gibt ein Schuhregal unter der Garderobe.*
- *Mein Hauptproblem aber ist die Wäsche. Ihr hortet dreckige Wäsche so lange im Zimmer, bis der Fußboden flächendeckend begraben ist. Dann schmeißt ihr alles in einem Schwung vor die Maschine, und ich muss ein paar Tage im Akkord waschen. Wenn ich es endlich geschafft habe und die Wäsche sauber und ordentlich gefaltet in Körben vor euren Zimmern wartet, bleibt sie dort wochenlang liegen.*
- *Ein Sechspersonenhaushalt ist viel Arbeit. Ich brauche künftig eure Unterstützung! Ich habe schon tausendmal deswegen gemeckert – es tut sich nix. Deswegen trete ich in den Warnstreik – zunächst bis Ende des Monats. Die Bedienung der Waschmaschine erkläre ich euch gern.*

Ich fühlte mich großartig. Endlich hatte ich durchgegriffen, endlich die Jungs mit Konsequenzen konfrontiert, statt nur rumzukeifen. Ein Tipp, den ich in einem meiner Erziehungsbücher gelesen hatte. Das Ergebnis: Sohn Nummer eins schmiss eine einzige Jeans in die Waschmaschine. Sofort brach ein Streit zwischen den Brüdern aus, die plötzlich ebenfalls genau zu diesem Zeitpunkt waschen wollten. Keiner kam auf die Idee, gemeinsam eine Maschine anzustellen.

Nach zwei Tagen beendete ich den Warnstreik, weil mich das Streiten noch mehr nervte als das Chaos im Waschkeller. Das Problem mit der Erziehungsfachliteratur: Dort werden die Nerven der Mütter nicht berücksichtigt. Manchmal ist es einfacher, den Müll selbst runterzubringen, die Geschirrspülmaschine auszuräumen, eine Mahlzeit zuzubereiten et cetera. Deswegen übernehme ich viel zu oft freiwillig einen großen Teil der Hausarbeit. Weil ich einfach keine Lust auf lange Diskussionen habe. Obwohl ich weiß, dass es ungünstige Folgen für mich hat.

Es wäre ja auch leichter, die Brotteller für unseren Fernsehabend jedem direkt in die Hand zu drücken, statt sie auf den Couchtisch zu stellen, damit sie nicht zur Beute von Jagdhund Carlo werden. Aber ist das die Lösung in der Hundeerziehung? Natürlich nicht. Um unserem Hund das Essenklauen abzugewöhnen, präparierten wir damals eine der köstlichen kleinen Schnitten mit Tabasco und legten sie extra an den Rand des Tellers. Dann starrten wir alle extrem intensiv auf den Fernseher und ignorierten den Hund. Schwupps, kam er unter dem Tisch hervorgeschnellt und schnappte sich das Brot. Erschrocken über die unerwartete Schärfe des Leckerbissens, lief er hechelnd durchs Zimmer und trank seinen halben Napf leer. Eine halbe Stunde später allerdings kehrte er zurück an den Teller, zögerte kurz und wollte wieder ein Brot klauen.

Ließ sich diese Erziehungslektion irgendwie erfolgreicher gestalten und an die Jungs anpassen?

Als mal wieder so ein Tag war, an dem ein Berg feuchter Sportklamotten den Einstieg zur Dusche blockierte und sich die Pizzateller in der Spüle tummelten, dachte ich: Es müsste zur Unterstützung meiner täglichen Predigten um die Ordnung im Haus ein Volkshochschulkurs her oder noch besser ein AG-Angebot in der Schule – Erziehungsarbeit an der Basis sozusagen. Das könnte etwa so aussehen: Teil 1 – Das Bad: Ist Teleportation eine Option? Wie man rumfliegende Klorollen, Wäsche und verschiedenstes Equipment an den richtigen Ort befördert. Teil 2 – Die Küche: Der geheime Weg des benutzten Geschirrs zur Spüle … Ich könnte die Themenliste noch endlos erweitern um Kursangebote, die sehr plastisch darstellen, wogegen wir Frauen so vergebens kämpfen wie gegen Zahnpastaflecken im Jungswaschbecken.

Natürlich sollen all diese Fantasie-Angebote nur der Aufheiterung dienen. Ebenso wie all die frauenfeindlichen Witze, die kursieren. Auch meine Söhne kommen immer wieder damit um die Ecke.

»Wisst ihr, warum Frauen so süße kleine Hände haben?«, fragte Sohn Nummer drei einmal beim Frühstück seine Brüder. »Damit sie beim Putzen besser in die Ecken kommen.«

Ich muss zugeben: Auch ich lache manchmal spontan über diese Frauen-Flachwitze. Aber nur kurz. Denn mir bleibt jedes Mal ein Rest Lachen in der Kehle stecken. Verbirgt sich nicht in jedem schlechten Witz eine kleine Portion Wahrheit? Und ist es wirklich hilfreich für die Gleichberechtigung, Nöte zu verniedlichen und/oder Herablassung als Joke zu platzieren? Ich möchte jedenfalls nicht, dass die Frauen meiner Jungs später brav alle Hausarbeiten erledigen, während sie hinter ihrem Rücken leise und verständnisvoll über »Männer-sind-ja-solche-fehlerhaften-Wesen«-Witze kichern.

Was würde ich mir wünschen, meinen Söhnen in Sachen Gleichberechtigung mit auf den Weg gegeben zu haben? Ich wäre glücklich, wenn es mir gelungen wäre, ihnen zu vermitteln, dass Männer keineswegs immer stark sein müssen und natürlich auch weinen dürfen. Ich hoffe, dass sie zu Feministen geworden sind, ohne es überhaupt bemerkt zu haben, weil sie Frauen sowohl im Beruf als auch im Privaten als Vorbilder haben und wertschätzen. Weil sie keine Sekunde daran zweifeln, dass Frauen gleiche Gehälter verdienen, weil sie Frauen nicht nach ihrem Äußeren bewerten und aufgeklärt und interessiert sind an Themen wie Menstruation, PMS, Schwangerschaft, postnatale Depressionen, Verhütung.

Während ich das gerade schreibe, wird mir klar: Mit der Vermittlung von Werten ist es ein wenig wie mit dem Skifahren. Als meine Jungs klein waren, habe ich sie an die Hand genommen, bin mit ihnen Hand in Hand auf dem »Zauberteppich« den Übungshang hinaufgefahren, bevor sie dann ein paar Tage später mit dem Sessellift auf den Berg konnten. Eine Zeit lang habe ich sie an der Leine vor mir herfahren lassen, damit sie nicht stürzen. Schon drei Jahre später sausten sie im Höllentempo an mir vorbei und ließen mich staunend zurück. Und heute sind sie es häufig, die nicht nur auf Klimafreundlichkeit im Lebensstil achten, sondern mich in Sachen Genderneutralität, Gleichberechtigung und Klimaschutz überholen. »Wieso hebst du eigentlich so hervor, dass eine Pilotin im Cockpit saß?«, hieß es neulich, als ich von einer Flugreise zurückkehrte. »Allein die Betonung diskriminiert ja schon … Und überhaupt: Warum fährst du solche Strecken nicht mit dem Zug?«

Ich denke, der Weg in die Gleichberechtigung ist noch

lang, aber Gott sei Dank nicht mehr aufzuhalten, und (meine) Jungs wachsen von ganz alleine mit und in die neue Zeit hinein, wenn man sie rechtzeitig auf den Zauberteppich stellt. Eines ist sicher: Selbst wenn meine Jungs sich auch heute noch prächtig über Frauenwitze amüsieren, heißt es noch lange nicht, dass dies auch ihre Glaubenssätze sind. Ich weiß, dass sie im echten Leben auf der richtigen Spur sind. Und darauf bin ich mächtig stolz.

Das gilt übrigens nicht nur für ihren offenen Geist, ihren natürlichen Umgang mit Gleichberechtigung, sondern auch für ihr Benehmen und ihre Umgangsformen überhaupt. Dieselben Jungs, die sich ums Abräumen des Tisches streiten, sich vor der Hausarbeit drücken oder ihre Wäscheberge rumliegen lassen, präsentieren sich mit den besten Tischmanieren, sobald Gäste, ihre oder meine Freundinnen mit uns essen oder sie bei anderen Familien eingeladen sind. Dann schlüpfen sie aus der Komfortzone, benehmen sich hervorragend, aufmerksam, zuvorkommend und hilfsbereit. Auch wenn es uns Müttern oft so vorkommt, als rauschten unsere Erziehungsbemühungen links rein und rechts wieder raus, bleibt eben doch jede Menge hängen. Hand aufs Herz: Ist das nachlässig-entspannte Verhalten unserer Kinder nicht auch ein riesengroßer Vertrauensbeweis? Wir kennen es doch selbst: Da, wo wir uns sicher, geborgen und geliebt fühlen, dürfen wir uns auch mal gehen lassen.

Und ich? Erst jetzt antworte ich Sohn Nummer vier auf die Frage »Was gibt es heute zu essen?« ganz entspannt mit »Nix! Ich bin verabredet. Sicher findest du etwas im Kühlschrank«. Und verlasse dann ohne schlechtes Gewissen das Haus. Aber das war ein langer Prozess.

»Trinken die Chinesen eigentlich nichts zum Essen?«, fragte mich neulich mein Jüngster, als ich ihm Bratnudeln, sein Lieblingsgericht, servierte. Verdutzt guckte ich ihn an. Was war das denn für eine Frage?

Ich brauchte nicht lange zu überlegen, denn er platzte prompt mit der Auflösung heraus: »Oder warum stehen heute keine Getränke auf dem Tisch?« Dann sprang er lachend auf und holte eine Karaffe Wasser und Gläser.

5

»Und ewig schweigt das Murmeltier« – Kommunikation mit Jungs ist wie Schwimmen im Pool ohne Wasser

Wie ich lernte, die wortlose Sprache der Jungs zu entschlüsseln. Das »Sieben-Wörter-Geheimnis« und über den langen Prozess bis zur Einsicht: Manchmal rede ich wirklich zu viel.

»Und, was habt ihr heute im Kindergarten gemacht?«, fragte ich meinen Jüngsten, während ich ihm Gummihose und Stiefel im Flur auszog.

»Gespielt«, lautete die kurze Antwort. Ich betrachtete die total verdreckten, nassen Klamotten.

»So, wie du aussiehst, in der Sandkiste und mit Baggamatsch, oder?«, versuchte ich ihn zu motivieren, mir ein wenig mehr zu erzählen. Vergebens.

War ich erstaunt? Nein. Als Mutter von vier Jungs führte ich diese Art von Unterhaltung ja nun seit zig Jahren. Und seitdem versuche ich zu verstehen, warum die Kommunikation bei uns nur in den Extrembereichen stattfindet: Phasenweise muss ich Wörter entweder wie mit einer Saugglocke aus meinen Jungs ziehen, oder ich flüchte vor ihren Wortflüssen. Vorgestellt hatte ich mir das mit dem Sprechen jedenfalls mal ganz anders. Als unser erster Sohn geboren wurde, fieberte ich ungeduldig seinem ersten Wort entgegen. Wann würde unser geliebtes Baby den niedlichen Mund öffnen und sein erstes Wort in die Welt schicken?

Dann war es eines Tages so weit. Aber statt »Mama« oder »Papa« entschied er sich für »Ball«. Sein zweites Wort war Nein, und er konnte es in so vielen Nuancen, dass jeder Schauspieler vor Neid erblasst wäre.

Wenig später beschoss er uns mit Worten wie eine Ballmaschine auf dem Tennisplatz. Erst im Mutterleib und dann zwölf Monate auf Erden hatte unser kluges Kind gut zugehört, hatte Tausende von Wörtern gesammelt, die nun in die Freiheit entlassen werden wollten. Und schon bald formte das kommunikationsfreudige Kind viele Sätze aus den vielen Worten – und schwallte uns zu: »Wer ist stärker, ein Indianer oder Papi? Was passiert, wenn ein Panzer über die Polizeistation fährt? Was passiert, wenn der Mond auf den Spielplatz fällt? Was passiert, wenn ich so viel esse, bis mein Bauch platzt?«

Ich dachte damals, dass kein Kind mehr Worte produzieren könnte als er, aber rückblickend betrachtet war er gegen Sohn Nummer vier geradezu mundfaul.

Besonders wortintensiv bei unserem Kleinen waren die Mahlzeiten mit der Familie. Vielleicht inspirierte ihn die Anwesenheit beider Elternteile und aller Brüder noch einmal besonders. Auf jeden Fall: Außer ihm kam keiner zu Wort. Wir versuchten es mit liebevoller Überzeugung: »Nun musst du aber auch Mama, Papa oder Bruder X mal sprechen lassen. Die möchten auch gern etwas erzählen.« Vergebens. Ich erinnerte mich daran, gelesen zu haben, dass es zielführender sei,

Ruhezeichen zu nutzen, als gegen jemanden anzusprechen. Aber ob Zeigefinger auf dem Mund oder Schweigefuchs: Sohn Nummer vier brabbelte auf seinem Kinderstuhl weiter und weiter. Schließlich reichte es mir. »Du hast jetzt zehn Minuten Redepause!«, schimpfte ich. Artig schloss er seinen Mund – für fünfzehn Sekunden. Dann hob er stirnrunzelnd die Hand, als Zeichen, dass er etwas sagen wollte. »Eine Frage noch. Darf man während der Redepause eigentlich auch mal ganz kurz sprechen, wenn …?«

»Nein!«, brüllte die ganze Familie im Chor. Dann schnappte ich mir unser Nesthäkchen und trug es samt Kinderstuhl aus dem Esszimmer.

In diesen Phasen sehnte ich mich manchmal zurück nach der stummen Babyzeit: Lächeln, Trinken, Schlafen. Okay, manchmal wurde auch kurz geschrien. Aber das war nichts gegen dieses Buchstabenbombardement.

Tja. Man muss immer aufpassen, was man sich wünscht. Als hätte das Schicksal meine Gedanken erhört, reduzierten die Jungs im nächsten Lebensabschnitt den Sprach-Output um etwa neunzig Prozent.

»Wie war es in der Schule?«, wollte ich wissen.

»Gut«, lautete die Antwort. Standardmäßig.

»Was gibt es Neues?«

»Nix.«

»Was habt ihr gelernt?«

»Weiß nicht.«

»Habt ihr gespielt?«

»Fußball.«

Woher kam dieser Wandel? Was steckte hinter den Ein- und Zweiwortsätzen? War es nur Trägheit? Wollten die Jungs mir damit ihre Abgrenzung zur Erwachsenenwelt demonstrieren? Oder wollten sie schlicht eine Fragenflut, gute Ratschläge und lange Vorträge vermeiden, die folgen könnten, wenn sie von einem Streit oder Problem berichteten? Tatsache ist: Wie viele Mütter war und bin auch ich neugierig, möchte gern wissen, was meine Jungs bewegt, checken, ob ich mir um etwas Sorgen machen muss, und möchte mit ihnen durch das Gespräch im Kontakt bleiben. Aber wie?

Meine Freundin Frederike erklärte mir:»Viele Eltern formulieren ihre Fragen total langweilig. Und dann antwortet das genervte Kind oft eben auch schnell mit einem Wort. Wenn du die richtigen Fragen stellst, werden sie dir dazu ihre kleine Geschichte erzählen. Erkundige dich also nicht: ›Wie war es in der Schule?‹, sondern: ›Was war das Beste, was du heute erlebt hast?‹ Nicht: ›Habt ihr gespielt?‹ Sondern: ›Was habt ihr heute alles gespielt?‹« Und so weiter. Klang einleuchtend. Ich war neugierig, ob es funktionierte. Während ich Sohn Nummer drei den Milchreis auffüllte, fragte ich ihn also gespannt:»Was war das Beste, was du heute in der Schule erlebt hast?«

»Nix.«

Ich versuchte es weiter:»Und was habt ihr in den Pausen gespielt?«

»Fußball.«

»Welche Geschichten hat eure Lehrerin heute vorgelesen?«

»Weiß nicht. Kann ich gleich zu Tobi zum Spielen gehen?«

Bei meinen Jungs kam ich offensichtlich auch mit Frederikes Tipp nicht weiter. Wie eine Verdurstende den Wassertropfen sog ich deshalb jede Information meiner Jungs von außen auf, auch bei Elternabenden. Ich habe es ja schon anklingen lassen und möchte jetzt noch mal einen tieferen Einblick geben, wie ich lauschend durch die Gruppen sich austauschender Mütter und Väter wandelte. Manche Diskussionen unter Eltern trieben mir dabei die Hitze ins Gesicht.

»Was sagt ihr zu der Sanktion, die Klassenreise nach Berlin zu streichen und stattdessen einen Wandertag anzubieten? Ich finde, das ist doch wirklich eine unangemessene Bestrafung«, hörte ich. Oder: »Also die Aufgabe drei in der letzten Bioarbeit … Das wurde im Unterricht in der Form nicht behandelt und müsste anders bewertet werden!«

Und: »Was bringt ihr für den Adventskaffee mit?«

Ich wusste weder von der geplanten Klassenreise, einem Vergehen und dem Plan, diese zu canceln, noch hatte ich Ahnung von einer Adventsfeier. Und was die Bioarbeit betraf: Ich dachte, dass in dem betreffenden Halbjahr Geschichte als Nebenfach unterrichtet worden wäre.

Es war, als lebte ich in einer Art Parallelwelt. Wenn ich mich bei meinen Söhnen über die Informationslücken beschwerte, lautete die Antwort: »Du hast ja nicht danach gefragt!«

Würde ich von blutigen Nasen, Sturmfluten, Bränden und mehr also nur erfahren, wenn ich explizit danach fragte? Absurd. Wie soll denn eine Unterhaltung, ein Austausch von Neuigkeiten funktionieren, wenn ich jedes Mal wie eine Hellseherin eine Liste möglicher Ereignisse runterrattern müsste, um meine Fragen so exakt zu formulieren, dass ein schlichtes Ja oder Nein als Antwort reichen würde? Die Liste würde ich dann täglich Punkt für Punkt durchgehen müssen: »Hat der Papierkorb in der Aula gebrannt? Bist du beim Schummeln erwischt worden? Hast du Fritz beim Training mit dem Hockeyschläger an der Stirn getroffen? Habt ihr die Mathearbeit zurückbekommen?«

Ich meine, ich google ja auch nicht morgens vorab Erdbeben, Präsidentschaftswahlen oder Morde in Blankenese, sondern höre oder lese aufmerksam Nachrichten, erfahre, was passiert ist, und rede (!) dann im Anschluss mit der Familie darüber. Klingt für viele Menschen in meinem Umkreis normal, funktioniert aber nicht unter unserem Dach.

Auch paradox: Einerseits muss ich mir zwar anhören, dass ich nach bestimmten Dingen ja nicht gefragt hätte. Andererseits heißt es: »Du nervst total mit all deinen Fragen.«

Neulich fand ich im Netz einen Artikel über Kommunikation:

»Denn schon kleine Mädchen drücken sich eher verbal aus und thematisieren ihre Gefühle. Bei Jungs müssen Mütter erst lernen, dass diese sich weniger mit Worten ausdrücken. Sie bringen ihr Innenleben stärker durch Verhalten und Handlungen zum Ausdruck. Um ein gestörtes Mutter-Sohn-Verhältnis zu vermeiden, muss die Mutter dieses Gebaren verstehen lernen.«

Schade, dass es dafür keine Kurse gibt: Mutter – Sohn. Sohn – Mutter. Ohne Worte das Richtige sagen und verstehen.

Welche Frage ich auch spannend finde: Ist das Kommunikationsverhalten angeboren oder abgeguckt? Denn interessanterweise verliefen die Unterhaltungen mit meinem Mann damals oft ähnlich.

Ich: »Wie war es bei dir im Job diese Woche?«

Er: »Wie immer …«

Ich erinnere mich sogar, dass damals aus den ungesprochenen Worten und den daraus resultierenden Missverständnissen manchmal sogar ein Streit entstand. Mein Mann war mit Projekten außerhalb Hamburgs beschäftigt und kam häufig erst am Wochenende nach Hause. Ich freute mich auf seine Rückkehr und dachte, es sei eine schöne Idee, ihn mit einem leckeren Essen zu überraschen, bei dem wir uns ausführlich über die Erlebnisse während der Woche austauschen und endlich Zeit miteinander genießen könnten. Fehlanzeige!

»Kannst du dir nicht vorstellen, dass ich nach einer superanstrengenden Woche und stundenlanger Heimfahrt erst einmal ein paar Stunden für mich allein sein möchte?«, bremste er mich aus. Natürlich konnte ich mir vorstellen, dass jeder Mensch andere Bedürfnisse hat. Und klar, ich verstand, was er sich wünschte, auch wenn ich kurz enttäuscht war, und lernte dazu.

In der nächsten Woche verabredete ich mich an seinem Rückkehrtag mit einer Freundin zum Kinobesuch, um sein Bedürfnis nach ein paar Stunden Ruhe zu erfüllen. Seine Reaktion: »Wieso verabredest du dich denn ausgerechnet an dem Abend zum Ausgehen, an dem ich zurückkomme, wenn ich die ganze Woche weg war? Kannst du dir nicht vorstellen, dass ich mich freue, dich zu sehen …?«

Natürlich konnte ich mir auch das vorstellen. Aber wie sollte ich die wöchentlich wechselnden Wünsche erspüren, Energien empfangen, die mir mein Mann vielleicht per Telepathie von der Autobahn zuschickte?

»Ruf doch einfach von unterwegs an, und wir sprechen darüber, ob wir am Abend etwas gemeinsam planen oder nicht«, schlug ich vor. Klang für mich wie eine pragmatische Lösung. Ich verspürte einfach keinerlei Lust mehr, mich im Gedankenlesen oder Hellsehen zu üben oder stundenlang zu grübeln, in welcher Stimmung sich mein Mann wohl gerade befand. Einfach sagen, was Sache ist, fertig. Das wünschte ich mir.

Ein paar liebevoll erklärende Worte sind Schmierstoff für eine harmonische Beziehung, oder?

Ich meine, nicht einmal zwischen einer Mutter und ihrem Neugeborenen klappt die Verständigung lautlos – und das ist wirklich ein fast symbiotisches Team. Sobald das Baby aus dem Mutterleib ist, setzt sogar dieses seine Bedürfnisse mittels Kommunikation durch: Es schreit auf eine Art, wenn es Hunger hat, auf eine andere, wenn es friert, in die Windel drückt oder den Schnuller will.

Der liebe Gott gab uns Lebewesen die Sprache, damit wir miteinander reden. Sogar Delfine pfeifen, klicken und geben noch weitere Geräusche in einer großen Frequenzbreite von sich, um ihre Jungen zu erziehen und zu schützen. Und sicher machen diese intelligenten, sozialen Tiere das nicht nur aus reinem Spaß und verschwenden unnötige Energie für das Plappern unter Wasser. Ganz bestimmt hat es eine Bedeutung für das Miteinander und Überleben.

Quallen allerdings gehören zu den Tieren, die wirklich nicht in der Lage sind zu kommunizieren. Sie haben kein Hirn, verfügen nur über Sinnesorgane, mit denen sie Beute jagen, auf Feinde reagieren und Geschlechtspartner erkennen können. Meine Söhne kamen dagegen mit der Vollausstattung Sinnesorgane plus Hirn auf die Welt. Mit einem Sprachzentrum und allen nötigen Organen zum Verstehen und Verarbeiten von Sprache. Und auch mit der Bereitschaft und dem Interesse, diese zu erlernen. Fakt ist, dass die Erweiterung des Wortschatzes bei jedem Kind im eigenen Tempo stattfindet. Und jedes Kind experimentiert auf ganz eigene Art und durch Trial and Error. Eines Nachmittags, ich parkte zum Abholen vor der Grundschule, sprang Sohn Nummer vier aufgeregt ins Auto. Und diesmal brauchte ich nicht nachzufragen, was mit ihm los war.

»Ich hatte einen richtig blöden Streit auf dem Schulhof«, erzählte er empört. »Dabei habe ich gar nix gemacht. Der Blödmann hatte einfach überhaupt keinen Tumor! Und wenn er noch mal so bescheuert ist, trete ich ihm in die Initialen!«

Schon wenige Jahre später kamen lustige Sprachfehler kaum noch vor. Stattdessen entwickelte sich eine Kommunikation unter Brüdern, die ich mit dem empfohlenen zoologischen Interesse verfolgte.

Gern betitel(te)n die Jungs sich gegenseitig mit »Du Lauch«, »Du Schwuppi« oder »Du Mulle«.

Als ich naiv nachfragte: »Was ist denn ein Mulle?«, erklärte mir Sohn Nummer vier bereitwillig: »Jemand, der mullt. Und du bist eine Mulle, weil du einfach mullst.«

Aha. Ich hatte keine weiteren Fragen mehr. Das Fragen nach dem Warum habe ich in den letzten Jahren ohnehin schon auf ein Minimum reduziert, weil nach einem Vierteljahrhundert mit vier Söhnen auch das Motto »Ich muss nicht alles verstehen« eine meiner Überlebensstrategien geworden ist. (Dazu später mehr.) Und weil ich auch kein Interesse an dem Versuch hatte, anderen Menschen zu erklären, was in den Köpfen meiner Söhne vor sich ging. Meist war es damals meine Mutter, die mit über neunzig dieser Art von Jungskommunikation nicht folgen konnte und überhaupt die Jugendsprache längst nicht mehr verstand.

Einmal erzählte mein Jüngster beim gemeinsamen Teetrinken: »Wir haben gestern Graffiti gemacht«, und fügte erklärend hinzu: »Das ist so mit Sprühdosen coole Sachen machen.« Dann präsentierte er stolz sein Kunstwerk. »FUCK YOU«, stand da in gelben Buchstaben auf rosa-schwarzem Untergrund.

»Was heißt das denn?«, fragte meine Mutter interessiert, da hatte ich mich schon in die Küche gerettet. Vom Wohnzimmer hörte ich sie in ihrem »Da-ist-wohl-einiges–schiefgelaufen-mit-der-Erziehung«-Ton rufen: »Warum schreibt dein Kind solche Wörter auf Bilder, Adrienne!?«

Radikale Akzeptanz lautet also die Zauberformel. Zwar verzichte ich häufig auf Erklärungen meiner Söhne, aber manchmal siegt eben doch die Neugier. Dr. Winter erklärte mir nun endlich das Phänomen der sinnfreien, sexualisierten Sprachauswüchse: »Ob Kraftausdrücke oder Mulle und Co. – diese Art speziellen Unterhaltungsstils dient als verbales Gerangel im ständigen Jungen-Konkurrenzkampf. Statt Knuffe oder Schwitzkasten demonstrieren sie ihre Kraft durch Worte, sie versuchen herauszukitzeln: Wie weit kann ich gehen? Wer hat das letzte Wort, den besten Witz? Wer ist in dieser Disziplin stärker? Und das alles auch sehr gern als eine Art Schaukampf vor der Mutter.«

Willkommen im Paviangehege!

Sobald allerdings Besuch mit am Tisch saß, eine Freundin der Söhne oder jemand aus meinem Freundeskreis, lauschte ich mit Überraschung den intelligenten Unterhaltungen meiner eloquenten Söhne.

Apropos Freundinnen und ihre Töchter. Ich leide unter chronischer Gluckenverblendung und liebe jeden meiner Söhne mehr als mein Leben. Aber als ich neulich meine Freundin mit ihrer Tochter beobachtete, auf dem Sofa sitzend, sich gegenseitig die Haare sortierend, ausführlich über das Leben im Allgemeinen und im Besonderen austauschend – da spürte ich plötzlich schon einen Kloß im Hals. Ob Streit mit der Freundin, Teenie-Schwärmereien, das neue Kleid, Schulsorgen oder einfach nur die Lieblingsserie, der Gesprächsstoff zwischen meiner Freundin und ihrer Tochter scheint niemals auszugehen. Wie gern würde ich manchmal mehr mit meinen Jungs schwatzen, von ihren Gedanken und Sorgen erfahren, statt nur im Energiesparmodus und stichwortartig etwas aus ihrem Leben zu hören. Aber solche wehmütigen Gedanken verfliegen meist so schnell, wie sie gekommen sind.

Nicht alle Mütter haben so viel Geduld im Umgang mit den schweigenden Murmeltieren wie ich. Als meine Freundin Babs eines Tages schwer bepackt mit Einkaufstüten nach Hause kam, fand sie ihre zwei Söhne gemütlich vor dem Fernseher sitzend. Sie antworteten weder auf ihre Begrüßung, noch halfen sie ihr mit den Tüten. Die energische Babs stellte die Tüten ab, öffnete das Fenster, atmete einmal tief durch und warf den Fernseher aus dem ersten Stock in den Garten.

Und apropos zu viele oder zu wenige Worte. Auch wenn ich mich nie traute, handgreiflich zu werden – mit meiner Versuchsreihe zu nonverbaler Kommunikation scheiterte ich jedenfalls kläglich. Keiner meiner Jungs käme auf die Idee, dass ein voller Mülleimer, demonstrativ direkt vor die Haustür gestellt, einen Hintersinn haben könnte.

Ebenso entschlüsselt bei uns niemand die Bedeutung eines Wäschekorbs, der mit liebevoll gefalteter Wäsche auf der ersten Treppenstufe steht. Er dient allenfalls als Challenge für einen Sprung darüber. Unschwer ist es allerdings zu dechiffrieren, was es bedeuten könnte, wenn unser Hund winselnd vor der Tür steht, oder?

Fehlanzeige!

Meckern in Dauerschleifen führte, wie schon beschrieben, regelmäßig ins Nichts. Warum? Weil für unsere Söhne klare Ansagen noch wichtiger sind als für unsere Töchter. Warum? Es ist wie beim verbalen Gerangel: Jungs sind ab der Pubertät stark geprägt durch Testosteron. Das führt dazu, dass sie daran interessiert sind, Machtkämpfe auszutragen. Sie wollen ständig herausfinden, wer die Führung hat, wer sich gerade durchsetzt mit seinen Anordnungen und Wünschen oder eben nicht. Jeden Tag, jede Stunde, phasenweise alle zehn Minuten ...

Fasziniert lauschte ich weiter dem Experten: »Wenn Jungs die Geschirrspülmaschine einräumen sollen, wollen sie keine Ausführungen über das Ordnungsverhalten im Allgemeinen mit weiterführenden Erläuterungen und Begründungen, warum es sinnvoll und hilfreich ist, im menschlichen Miteinander im Haushalt Tätigkeiten zu übernehmen.«

Was so ein Wörterschwall von Elternseite bewirkt?

»Wie ein Rauschen fliegen die Wörter an den Jungsohren vorbei.«

Ich fühlte mich ertappt. Dr. Winters anschauliches Anti-Beispiel klang so, als hätte er eine Kamera in unserer Wohnung aufgestellt.

»Ich bin total müde, habe den ganzen Tag am Schreibtisch gesessen, die Wäsche aufgehängt, gekocht, eingekauft, das Auto zur Werkstatt gebracht. Ich *kann* nicht mehr, Leute. Jetzt muss wirklich mal einer von euch mit Carlo rausgehen«, prasselten erst gestern Abend die Wörter aus mir heraus.

Sohn Nummer drei schnappte sich die Leine und hielt dann kurz inne. »Weißt du, Mami, das mache ich gern. Aber ich muss ehrlich sagen: Kannst du bitte mal aufhören mit diesen ganzen Beschwerden? Und auch damit, aufzuzählen, was du alles gemacht hast? Sag doch einfach: ›Geh bitte mit Carlo raus.‹ Punkt. Der Rest interessiert hier niemanden.«

Zack. Das saß.

Ich atmete tief durch. »Okay! Ich würde mich freuen, wenn du den Müll rausbringst und dabei gleich den Hund mit auf eine Gassirunde nimmst.«

»Alles klar, wird gemacht«, antwortete er ohne jeglichen Widerspruch. Verblüfft verschwand ich in meinem Arbeitszimmer. Ich hatte eine längere Diskussion erwartet. So einfach konnte es also sein …

Als ich am Schreibtisch saß, hörte ich ihn allerdings an die Zimmertür seines jüngeren Bruders klopfen.

»Mami sagt, dass du den Müll runterbringen sollst … Und zwar zack, zack. Ich habe das nämlich gestern gemacht, komme gerade erst aus der Schule und will gleich noch zum Sport …«

Spieglein, Spieglein an der Wand, was ist die wirksamste Erziehung im ganzen Land?

Noch ein Kommunikationsmuster: Manchmal erwische ich mich dabei, dass ich zu reden beginne, ohne selbst das Ziel zu kennen. Dann entwickele ich erst während des Gesprächs eine feste Meinung. Zirkulierende Kommunikation nennt man das. Das Problem wird umkreist und mehrfach durchgekaut, bis sich eine Lösung findet.

Daran könnte ich vielleicht arbeiten, um Verwirrung zu

vermeiden, andererseits lernen meine Jungs durch diese Möglichkeit, dass man nicht immer gleich eine Lösung parat haben muss. Wobei hinter meinen Erklärungen meist die Absicht steckt, den Jungs gegenüber mein Anliegen zu begründen. Ich möchte, dass sie wissen, warum ich dies und jenes von ihnen erwarte – auch im Haushalt. Auf die Nachfrage: Warum soll ich die Geschirrspülmaschine ausräumen?, reicht ein einfaches: Weil du dran bist. Aber warum eigentlich denke ich, dass ich darüber hinaus meine Wünsche erklären oder mich rechtfertigen muss? Eine interessante Frage, oder?

Ich fand erleuchtende Worte in einem Erziehungsartikel. Das stand sinngemäß: Natürlich haben Kinder das Recht, ernst genommen zu werden, das Recht auf Erklärungen und ihre Argumente und Meinungen zu äußern – bei Themen, die verhandelbar sind. Aber es gibt Dinge und auch Aufgaben im Familienleben, die eben nicht verhandelbar sind. Punkt! Da behalten Eltern einfach die Entscheidungskompetenz. Und das sollte man dem Kind freundlich klarmachen und nicht stundenlang rumeiern. Das ist nicht nur nervig, wie Sohn Nummer drei mir mitteilte, sondern auch völlig überflüssig. Machtkämpfe auszuhalten, fällt uns Frauen oft superschwer – aber meist renkt sich die Auseinandersetzung schneller ein, wenn man durchhält. Und damit kommen Jungs klar.

Übrigens führt so eine Leidensleier eben auch dazu, dass Kinder ein schlechtes Gewissen bekommen, sich schuldig fühlen und überlegen, ob sie mitverantwortlich sind für den harten Tag der Mutter, also womöglich als Kinder versagen.

Was mir dazu auch noch einfällt: der Griff verzweifelter Mütter zur Gefühlswaffe. »Ich bin soooo traurig, dass ihr eure Zimmer nicht aufräumt, mir nicht im Haushalt oder beim

Einkaufen helft.« Emotionale Erpressung ist ein absolutes No-Go! Manchmal erwische ich mich dabei und ärgere mich später extrem über meinen Ausrutscher. Denn im Grunde sehe ich es so: Traurig ist, wenn der Hund krank oder die Oma gestürzt ist, aber sicher nicht die Weigerung, im Haushalt zu helfen. Da kann man als Mutter ruhig mal sauer werden! Vielleicht bin ich aber auch traurig, weil ich es anders erwartet hätte. Total verständlich, oder? Aber dafür kann nun mal das Kind nichts. Als Mutter bin ich für den Umgang mit meinen Emotionen und Wünschen selbst verantwortlich. Und schlimmstenfalls kommt bei meinen Söhnen die Botschaft an: »Ihr seid für Mamas Gefühle verantwortlich.« Das möchte ich auf jeden Fall vermeiden! Denn ich habe selbst erlebt, wie sich das anfühlt, und erinnere mich sehr genau daran, welche seelische Pein es mir bereitete, wenn meine Mutter so mit mir sprach: »Ich bin ja sooo traurig über dich, ich habe die ganze Nacht nicht geschlafen, habe weinen müssen vor Kummer über dein Verhalten.« Der Grund für ihren Kummer zu sein, war damals kaum für mich zu ertragen. Umso schlimmer, wenn ich mich selbst dabei erwische, dass mir das t-Wort rausrutscht. Aber meine Jungs halten mir auch an dieser Stelle humorvoll den Spiegel vor – zum Glück. Neulich, kurz vor einem Hockeyspiel, fragte Sohn Nummer vier: »Hast du mein Trikot gewaschen?«

»Ups! Das habe ich leider total vergessen«, antwortete ich bedröppelt.

»Das ist ja ziemlich blöd«, beschwerte er sich. »Dann muss ich es jetzt ungewaschen anziehen.«

Sohn Nummer drei korrigierte seinen Bruder und blinzelte mir zu: »Das ist nicht blöd. Das ist einfach nur soooo traurig.«

Welche Botschaft ich aus Dr. Winters Ausführungen heraus-hörte: Jungshirne haben eine begrenzte Aufnahmekapazität. Als Kommunikationsübung für Mütter (und viel sprechende Väter) schlägt der Pädagoge vor:»Achten Sie darauf, dass Sie nur Anweisungen formulieren, die aus maximal sieben Wör-tern bestehen. Etwa: ›Bitte räum die Geschirrspülmaschine jetzt aus.‹«

Ob das klappt? Direkt nach dem Vortrag startete ich einen Probelauf. Bei uns ist Sohn Nummer vier fürs Rasenmähen zuständig. Ich klopfte an seine Zimmertür.»Kannst du bitte heute den Rasen mähen.« Zack.

Erwartungsgemäß kam die obligatorische Widerrede:»Nö, keine Lust heute, muss noch Schularbeiten machen«, die ich geflissentlich ignorierte. Ich schenkte meinem Sohn beim Hinausgehen noch ein kurzes»Danke!« und verließ das Zim-mer. Dreißig Minuten später schnappte er sich den Rasen-mäher und erledigte ohne Murren seine Aufgabe. Verrückt, wie einfach es manchmal sein kann, wenn man aus gewohn-ten Mustern ausbricht. Wie viele Trillionen überflüssiger Wör-ter, Falten und graue Haare hätte ich mir ersparen können, wenn ich all dieses Wissen in der Wickeltasche gehabt hätte, als ich damals den Kreißsaal verließ! Aber so ist es wohl immer im Leben.

Ob Liebe, Job oder Erziehung: Das Timing im Leben passt eben häufig nicht. Jetzt lebt nur noch Sohn Nummer vier bei mir, und es gibt wenig Versuchsflächen für meine erworbene Weisheit. Ist es nicht traurig, dass man viele Dinge im Leben erst dann versteht, wenn die Lebensphase eigentlich schon vorbei ist?

Glücklicherweise ist trotz Buchstaben-Rauschen eine Menge

hängen geblieben. Heute bemerke ich mit Erstaunen, dass meine Jungs sich häufig gegenseitig erziehen, und zwar in Sieben-Wörter-Sätzen: »Hast du dich für die Konfirmationsgeschenke bedankt?«, »Räum die Küche auf nach dem Essenmachen!« Und manchmal reichen dafür noch weniger Worte: »Sitz gerade!«, »Mach den Mund nicht so voll!«, »Man kann auch zweimal nehmen.«

Da bleibt mir doch vor Überraschung der Bissen im Halse stecken. Und wenn die Großen zu Besuch kommen, räumen sie den Tisch von selbst ab und bepacken den Geschirrspüler. Gerade waren wir alle zusammen im Urlaub, in einem gemieteten Ferienhaus. Und was soll ich sagen: Ich habe nicht einen Tag in der Küche verbracht. Die Jungs haben alles übernommen!

An dieser Stelle daher meine Mutmachernachricht an alle Jungsmütter: Trotz des einen oder anderen Erziehungsirrtums läuft doch häufig alles am Ende gut.

Wie viele Worte braucht es also für ein wohltuendes Miteinander?

Ich erinnere mich an ein Treffen meines zweiten Ex-Mannes mit seinem Bruder vor vielen Jahren. Die beiden hatten sich längere Zeit nicht gesehen. »Und? Wie war es?«, fragte ich, als er zurückkam.

»Sehr schön«, antwortete mein Mann.

Das war's.

Meine Fragen nach den Kindern des Bruders, nach seinem neuen Job, den Urlaubs- und Umzugsplänen schienen meinen Mann zu überraschen. Seine Antwort lautete jedes Mal: »Darüber haben wir nicht gesprochen.«

»Aber … über was habt ihr denn dann gesprochen?«, fragte ich irritiert.

»Na ja, er hat sich so ein ähnliches Motorrad gekauft wie ich, und wir haben ein bisschen gemeinsam daran gebastelt.« Und dabei einträchtig geschwiegen oder ein Lied gesummt, oder …?

Offenbar erschien ihm meine Frage so irritierend wie mir seine Antwort.

Aber die Worte meines Mannes gingen mir nicht aus dem Kopf. Denn eines war klar: Er und sein Bruder sind sich sehr nah – auch ohne Worte. Warum wünschte ich mir, die Gedanken meiner Söhne zu kennen? Warum war es mir derart wichtig, so viele Informationen wie möglich aus ihrem Tagesablauf zu erfahren? Vielleicht auch, weil ich es gewohnt war, dass es zwischen Frauen häufig genau so funktioniert.

In Gesprächen mit Freundinnen dient Kommunikation für mich als Werkzeug, um in kurzer Zeit ein Gefühl von Nähe zu erzeugen. Wenn ich mich etwa mit einer Freundin zum Essen im Restaurant treffe, erfahre ich, noch bevor der Kellner uns die Karte gereicht hat, dass sie endlich die lang ersehnte Gehaltserhöhung bekommen hat, ihre Tochter mit einem neuen Freund zusammen ist, der Hund eine Magenverschlingung hatte und in letzter Minute durch eine Operation gerettet werden konnte … Und jede Erzählung wird dann jeweils durch das Gegenüber lebhaft kommentiert und bewertet. So fühlen wir uns bestätigt und gemocht.

Aber für Jungs ist diese Art Bestätigung offenbar gar nicht so wichtig, es zählt der reine Informationsaustausch.

Es hat ein Vierteljahrhundert Praxiserfahrung gedauert, bis ich vollends annehmen konnte, dass meine Söhne Nähe lieber durch einen kurzen Schwitzkasten demonstrieren als durch Worte. Seitdem nehme ich unsere Gemeinsamkeiten anders wahr. Ich erlebe, wie wunderbar vertraut es sich anfühlen kann, einfach gemeinsam eine Radtour zu machen, Tischtennis zu spielen oder mit dem Hund zu toben. Heute nehme ich ihre wenigen Worte nicht mehr als persönlichen Affront, so wie ich es früher aus Unsicherheit oft getan habe. Denn ich habe gelernt, dass wenige Worte auch ein Zeichen für Entspannung und Wohlfühlen sein können – nachdem in der Schule und im Umgang mit Fremden oft viele Worte oder Small Talk gefordert sind.

Noch mal neu gefragt: Wie viele Worte braucht es für das persönliche Kommunikationswohlfühlmaß? Darauf gibt es keine allgemeingültige Antwort. Während der eine Mensch sich bei fünfzehn Grad wohlfühlt, befindet der andere sich erst bei fünfundzwanzig Grad in seiner Komfortzone. Im Zusammenleben lautet die Aufgabe wohl, ein Mittelmaß zu finden, damit nicht einer ständig frierend im Pulli herumläuft oder der andere mit Schweißperlen auf der Stirn vor der Hitze flüchtet.

Bei meiner nie endenden Forschungsarbeit über das männliche Sprachverhalten fragte ich meine Söhne letzte Woche: »Über welche Themen redet ihr gern mit mir? Und über welche Themen würdet ihr niemals mit mir sprechen?«

Ich erntete einen Blick, als hätte ich gefragt, wozu ein Vogel Flügel braucht. »Ersteres weißt du, Letzteres erübrigt sich doch wohl automatisch, oder?«

Wow. Mit zwei Sätzen erinnerten mich meine Söhne an die mehrfach in anderer Form reklamierte Mutter-Gesprächskultur: »Deine ständigen Wiederholungen nerven, du zerredest alles, und wenn wir etwas erzählen, willst du nur immer noch mehr wissen …« Und: »Manche Dinge müssen wir erst mal selbst verarbeiten. Außerdem geht dich wirklich nicht alles etwas an.«

Der Grat zwischen Interesse, Anteilnahme und Nerverei ist schmal. Es bleibt wohl weiterhin meine Challenge, zu entscheiden: Wann lasse ich meine Jungs besser in Ruhe, wenn sie nicht reden möchten, und wann ermutige ich sie, sich ausführlicher mitzuteilen. Dabei folge ich meinem Bauchgefühl – und meiner Jungsmama-Erfahrung – und falle trotzdem immer wieder auf die Nase.

Wenige Tage nach obigem Gespräch kam Sohn Nummer drei am Nachmittag plötzlich in mein Arbeitszimmer und nahm mich unvermittelt in den Arm: »Ich glaube, wir haben uns heute noch gar nicht gesehen, Mami.«

Und so eine liebevolle Geste sagt doch mehr als hundert Worte, oder?

Wie anstrengend im Gegensatz zu viel Worte sein können, erlebte ich gerade neulich wieder. Ich rief Großtante Lotti an, um sie zu uns einzuladen. »Hast du Lust, am nächsten Sonntag mit uns Kaffee zu trinken?«, fragte ich sie. Dann ging es los: »Also … morgen Nachmittag muss ich zum Zahnarzt, weißt du, der Backenzahn unten rechts. Dienstag treffe ich mich mit meiner Nachbarin, der Hilde. Wir wollten uns schon vor Wochen sehen, aber dann hatte die arme Corona, und wir mussten unsere Verabredung verschieben. Sie ist noch immer etwas schwach, aber ihr Schwiegersohn ist Kardiologe. Kennst du eigentlich Dr. Tillmann? Ein wirklich toller Arzt. Und der sagt, dass die Schwäche nicht vom Herzen kommt. Gott sei Dank. Also so ein Typ wäre auch was für dich. Bist du noch Single, oder gibt es einen Mann in deinem Leben?« Ohne meine Antwort abzuwarten, fuhr sie fort: »Am Donnerstag habe ich meinen Literaturkreis, am Freitag gehe ich mit Putzi zum Hundefriseur. Der sieht ja langsam aus wie ein Zottelbär und nicht mehr wie ein Pudel. Und Samstag möchte ich auf den Markt und ein paar Blumen kaufen für meinen Balkon. Es ist ja langsam wieder Pflanzzeit. Dieser März ist viel wärmer als in den Jahren davor. Ob das am Klimawandel liegt? Na ja, ich werde das wohl nicht mehr miterleben, aber du und vor allem die Kinder. Da mache ich mir schon manchmal Sorgen. Ach übrigens: Die Kinder, die würde ich ja zu gern mal wiedersehen. Ich komme sehr gern am Sonntag.« Puh!

In diesem Telefonat hatte Lotti mein persönliches Kommunikationswohlfühlmaß deutlich überschritten. Da hätte ich mir auch eine Fernbedienung zum Ausschalten gewünscht. Stattdessen habe ich nebenbei meine Wäsche aufgehängt und meine Ohren auf Durchzug gestellt. Das kommt meinen Jungs sicher bekannt vor.

6

Von Essensbergen und Kochmarathons – Hilfe, mein Sohn verhungert!

Wann gibt es Essen? Die Frage treibt manche Mutter zur
Verzweiflung. Was ist da bloß los im Körper der Jungs?
Wie kriegen wir unsere Söhne satt? Jungs zu füttern,
das fühlt sich an, wie Sand in einen Eimer zu füllen,
der unten ein massives Loch hat …

»Riechst du was, Mami?« Sohn Nummer drei und Nummer vier hatten sich vor meinem Schreibtisch aufgebaut. Ich schnupperte, konnte aber keinen besonderen Geruch wahrnehmen und verneinte.

Als mein Jüngster meinen irritierten Gesichtsausdruck sah, löste er das Rätsel auf: »Ich auch nicht! Also ab in die Küche!«

Wie superunverschämt! Eigentlich hätte ich aufbrausen und ihn zurechtweisen sollen, aber meine Mundwinkel machten mir einen Strich durch die Rechnung: Sie zuckten hemmungslos nach oben. Denn der Witz war leider gut!

Nun setzte Sohn Nummer drei nach, eine Familienpackung Vorwurf im Unterton: »Mal ehrlich, Mami, wir müssen dringend reden. So geht es nicht weiter!« Bevor ich dazu kam, nachzufragen, was schieflief für die beiden, fuhr er auch schon fort: »Keine Milch, keine Haferflocken, kein Schwarzbrot, nicht mal mehr ein Joghurt steht im Kühlschrank. Wir haben Hunger! Wann gibt es Essen?!«

Schuldbewusst sah ich auf die Uhr. Ich hatte vor lauter Arbeit die Zeit vergessen – und den Einkauf. Eine Stunde später stand ich an der Kasse des Supermarkts. Könnte ich Geld damit verdienen, einen Einkaufswagen in rasanter Geschwindigkeit und mit verbundenen Augen zu füllen, wäre ich heute vermutlich reich. Einkaufen für meine hungrigen Söhne fühlte sich für mich an, als würde ich Sand in einen Eimer mit Loch schaufeln. Mechanisch hievte ich die Waren auf das Band: zehn Packungen Spaghetti, eine Palette Dosentomaten, fünf Liter Milch, zwei Kilo Reis, zwanzig Eier, dutzende Joghurtbecher, zwei Sack Müsli, Brot, Obst …

Hatte ich geseufzt? Die Kassiererin warf mir einen mitleidigen Blick zu. »Ganz schöne Schlepperei, diese Vorratskäufe.« Ich schenkte ihr ein müdes Lächeln. Leider befand sich in meinem Einkaufswagen keineswegs der Monatseinkauf, sondern nur die Grundversorgung, die mit Glück bis zum Ende der Woche reichte. Denn meine Jungs fielen täglich wie ein Schwarm Heuschrecken über die herangeschleppten Nahrungsmittel her.

Als Journalistin bin ich ein Fan der sogenannten W-Fragen. Sie strukturieren Gespräche und Texte. Im Zusammenhang mit der Ernährung allerdings trieben sie mich an den Rand des Wahnsinns: »Wann essen wir?«, »Was gibt es heute?«, »Wieso gibt es nicht mehr?«, »Warum kochst du immer sooo wenig?« Das führte mich zu meiner ganz eigenen W-Frage: Warum haben Jungs *immer* Hunger?

Auch für unseren Jagdhund Carlo ist nach dem Füttern

vor dem Füttern. Die zwei Mahlzeiten, die er in jeweils fünfzehn Sekunden verschlingt, sind die Highlights seines Tages. Dazwischen besteht sein Leben aus Warten auf die nächste Mahlzeit oder aus der Suche nach organischen Abfällen aller Art im Park oder auf der Straße für einen kleinen Snack zwischendurch. Der Grund: Hunde sind ursprünglich Raubtiere. Sie mussten sich ihr Futter früher erkämpfen, und wenn das Schicksal es gut meinte und einen Hasen vorbeischickte, hieß es: Reinhauen, so viel wie möglich. Aber Carlo ist Opfer seiner genetischen Disposition. Im Gegensatz zu ihm können meine Söhne auf regelmäßige Versorgung vertrauen. Trotzdem verdrücken sie zu jeder Mahlzeit Portionen, als gäbe es kein Morgen. Obwohl ich seit mittlerweile mehr als fünfundzwanzig Jahren Jungs füttere, stelle ich heute noch Fragen, die sie absurd finden, oder kommentiere ihre Nahrungsaufnahme unqualifiziert. »Jetzt keinen Snack mehr nehmen, in einer Stunde essen wir Abendbrot«, versuchte ich neulich Sohn Nummer vier zu bremsen, der sich gerade einen Teller mit Nutella-Broten fertig machte. Er schüttelte nur resigniert den Kopf angesichts der flachen Lernkurve seiner Mutter: Eine »kleine« Zwischenmahlzeit reduziert bei ihm keineswegs den Appetit aufs Abendessen, sondern hilft ihm nur, bis dahin zu überleben.

Als ich eine Stunde später am Herd stand, kam Sohn Nummer drei in die Küche und holte kommentarlos eine weitere Packung Pasta aus dem Schrank. »Man rechnet einhundert bis einhundertfünfundzwanzig Gramm Pasta pro Person. Da sind wir mit einer Packung schon drüber«, erklärte ich ihm. »Mann, Mami«, stöhnte er nur kurz und warf die Penne in das kochende Wasser. Und was soll ich sagen? Drei Stunden später schmissen die Jungs den Ofen an, um schnell noch eine

Pizza vorm Schlafengehen einzuwerfen. Ich verkniff mir jede Bemerkung. Aber als Nummer drei meinen ungläubigen Blick einfing, erklärte er ungefragt: »Du checkst das einfach nicht, Mami! Satt gibt es nicht. Ich habe immer Hunger!«

Klar weiß ich, dass Teenager aufgrund des enormen Wachstumsschubs in der Pubertät viel Nahrung benötigen. Aber viel und viel ist ja auch noch mal ein Unterschied, oder? Früh recherchierte ich, ob unser Verbrauch denn überhaupt normal war. Und merkte: Ich bin keineswegs die einzige Mutter, die phasenweise von Wachstumsschüben und der Energiezufuhr, die diese begleitet, überfordert ist. Lucinda Scala Quinns Buch *Mad Hungry: So machen Sie Jungs und Männer satt und zufrieden* wurde in den USA ein Bestseller. Auch in Foren und Blogs stieß ich auf jede Menge Rat suchender Mütter: »Hilfe, mein Sohn hat immer Hunger!«, »Was habt ihr gemacht, als die Fressorgien anfingen?«, »Was füttert ihr euren pubertierenden Söhnen, damit sie länger als zwei Stunden satt sind?« …

Die Antworten im Chat reichten von der Anschaffung eines zweiten Gefrierschranks über das Verfüttern von Bananen als Sattmacher, die Einrichtung von Gemüselagern im Keller bis zum Vorkochen großer Mengen.

Ich habe übrigens mal nachgerechnet. Es gibt bei uns im Schnitt zweimal die Woche Spaghetti, und das seit rund fünfundzwanzig Jahren! Macht 25 x 52 Wochen x 2. Das sind 2600 Portionen Spaghetti. Ist es schon pathologisch, auf die Idee zu kommen, so etwas auszurechnen? Zwischendurch hatte ich mal mit der Idee geliebäugelt, Essen auf Rädern zu bestellen. Ich googelte ein paar Anbieter. Die Speisepläne klangen durchaus verlockend: Ungarisches Kesselgulasch, Gemüsefrikadellen, gebratene Hähnchenkeulen, Spaghetti Carbonara und sogar Caesar Salad. Auch das Preis-Leistungs-Verhältnis schien mir zu passen, sofern man von einer Portion pro Person ausging. Finde den Fehler!

Die Idee, aus dem 24/7-Einkaufen-und-Kochen-Hamsterrad auszusteigen und vorzukochen, gefiel mir am besten: einen Mammut-Einsatz leisten und danach ein paar Tage wohlverdiente Ruhe haben. Gesagt, getan. Ich bestellte bei einem Großküchenausstatter einen Fünfzig-Liter-Topf und große Vorratsgefäße zur Aufbewahrung, danach schleppte ich mehrere Einkaufswagenladungen ins Auto und in die Küche. Über drei Stunden brauchte ich dafür. Dann stürzte ich mich euphorisch in einen Kochmarathon. Auf dem Plan standen die Zubereitung mehrerer Liter Chili con Carne und Sauce Bolognese sowie eines Gemüseauflaufs.

Die auf mich wartende Kochauszeit vor Augen, schnippelte, werkelte und köchelte ich friedlich vor mich hin. Und am Abend betrachtete ich zufrieden die Batterie an Vorratsdosen und Gefrierbehältern auf der Arbeitsplatte. Die Woche war gesichert: Jeweils zwei Tage würde es das gleiche Gericht geben plus eine Jokerportion zum Einfrieren. Ich schickte einen stillen Dankesgruß an die Mütter mit der Vorkochidee.

Am ersten Abend stürzten sich die Jungs begeistert auf den riesigen Topf Bolognese. Als ich zwei Stunden später den abgekühlten Rest Sauce für den nächsten Tag in den Kühlschrank stellen wollte, hatte er sich erneut durch einen kleinen Zwischenhunger halbiert. Am nächsten Abend aßen wir die Nudeln schon mit Butter und Salz. Mir schien: Je mehr Essen ich zur Verfügung stellte, desto schneller wurde es vertilgt.

Bei anderen Säugetieren klappt es besser mit der Vorratsversorgung. Löwen etwa vertilgen im Schnitt täglich sieben bis zehn Kilogramm Fleisch. Erlegen sie eine fette Beute, können sie bis zu vierzig Kilo auf einmal verschlingen. Aber dann verdauen sie erst mal und brauchen mehrere Tage keine Mahlzeit.

Um meine vorgekochten Mahlzeiten zu verteidigen, versteckte ich die Behälter im Gemüsefach, unter Säcken mit Mohrrüben und Kartoffeln oder in Töpfen auf der Gartenbank. Aber wie unser Hund Carlo mit seiner feinen Nase die Leberwurst in der Einkaufstasche aufspürt, fanden meine Jungs mit ihrem siebten Sinn sämtliche Vorräte.

Nach zwei Wochen gab ich trotz Enttäuschung meiner Söhne das Projekt Vorkochen auf, seitdem stehe ich wieder täglich am Herd, um die Meute satt zu bekommen.

Heute kann ich es kaum glauben, aber es gab Zeiten in meinem Leben, in denen die Frage »Was koche ich morgen?« kein Kreide-quietscht-auf-Tafel-Gefühl in mir auslöste. Es machte mir früher Spaß, am Wochenende gemeinsam mit meinem Partner oder für Freunde zu kochen. Aber wie im Leben gilt auch in der Küche: Das Maß der Dinge macht den Unterschied zwischen Lust und Frust. Mittlerweile gehe ich sogar lieber zum Zahnarzt oder sortiere meine Steuerunterlagen, als in der Küche zu stehen. Ich leide unter chronischer Kochunlust, mit sich in rasanter Geschwindigkeit verschlimmernden Symptomen. Die ständigen Blicke in den Kühlschrank machen mich nervös. Und bei der unausweichlichen Frage: »Wann gibt es Essen?«, würde ich mich am liebsten aus der Wohnung beamen. In düsteren Fantasien habe ich mir schon ausgemalt, wie es wäre, den Kühlschrank einmal komplett zu leeren und heimlich mit versteckter Kamera die Reaktion der Jungs zu filmen. Leer ist der

Kühlschrank übrigens wochenlang – wenn die Jungs mit ihrem Vater in die Ferien fahren. Dann betrete ich einen Supermarkt höchstens, um Milch für den Morgenkaffee zu holen. Ansonsten genieße ich es, mir unterwegs ein fertig belegtes Brötchen zu kaufen und abends essen zu gehen, den Lieferdienst anzurufen oder eine Tiefkühl-Pizza in den Ofen zu schieben.

Und was das Essen mit Freunden betrifft: Das macht mir noch immer großen Spaß. Besonders, wenn die anderen einladen. Der dabei meistgefürchtete Vorschlag lautet allerdings: »Wollen wir uns nicht alle schon früher treffen und dann gemeinsam kochen?«

Irgendwann habe ich dafür eine passende Antwort gefunden. Und mit jedem weiteren Lebensjahr fällt es mir leichter, sie zu äußern: »Danke für die Idee, aber ohne mich. Ich bringe die Getränke mit. Oder das Eis für den Nachtisch?«

Früher holten mich wegen meiner zunehmenden Kochunlust immer wieder Schuldgefühle ein. Der Grund dafür waren die verstaubten Glaubenssätze, mit denen ich aufgewachsen bin: »Frauen gehören in die Küche«, »Eine gute Mutter kocht, backt und versorgt mit Leidenschaft und Liebe ihre Familie«. Wahrscheinlich braucht es noch ein paar Jahre, bis die neue Frauen-Software zuverlässig läuft. Die alten, lang funktionierenden Programme müssen erst vollständig überschrieben sein. Denn kaum zu glauben, aber wahr: Erst in den 1970er-Jahren wurde die »Hausfrauenehe« abgeschafft, die besagte, dass Frauen zur Haushaltsführung und Kindererziehung verpflichtet seien. Was für eine Zeit, was für Gesetze: Warum sollten Menschen aufgrund ihrer Zugehörigkeit zum weiblichen Geschlecht automatisch in die Küche gehören?

Neulich las ich allerdings von einer australischen Studie. In ihrem Rahmen besuchten die Teilnehmer einen siebenwöchigen Kochkurs und wurden anschließend untersucht. Dabei fand man heraus: Der bewusste Umgang mit Lebensmitteln und die Fähigkeit, schmackhafte Mahlzeiten zuzubereiten, verringern offenbar das Risiko, an Depression zu erkranken. Bei allen Teilnehmern waren Selbstbewusstsein und Glücksempfinden gesteigert.

Mein Glücksempfinden hingegen würde sich schwindelerregend steigern, müsste ich sieben Wochen keine Küche betreten. Ist vielleicht etwas mit mir verkehrt? Jedes Gericht, das länger als zwanzig Minuten braucht, macht mich nervös, weil ich ständig daran denke, was ich Spannenderes machen könnte in dieser Zeit. Bin ich deswegen eine schlechtere Mutter?

»Liebe geht durch den Magen«, heißt ein altes Sprichwort. Die Idee dahinter: Mit gutem Essen, mit der leidenschaftlichen Zubereitung einer schmackhaften Mahlzeit, drückt man seine Liebe aus und bindet Menschen an sich. Ein schöner Gedanke, und dennoch klingt er für mich etwas verrückt. Andererseits: Lebe ich vielleicht deshalb ohne Partner? Wenn ich das jetzt mal zu Ende denke … Hätte ich mich etwas mehr in der Küche engagiert, Kochkisten mit kreativen Köstlichkeiten an die Traummänner der Welt verschickt, würde ich dann vielleicht an der Seite von Will Smith oder George Clooney leben? So spannend die Vorstellung sein mag, ich bleibe da eher skeptisch – bei aller Liebe zu gutem Essen. Kochkünste und Nahrungsversorgung können doch nicht der Garant für eine gute Beziehung sein, weder mit dem Partner noch zu den Kindern. Meine Liebe drücke ich lieber anders aus: durch

Knuddelattacken, gemeinsame Unternehmungen, damit, dass ich ihre Wünsche und Ideen höre, sie auf ihrem Lebensweg unterstütze. Und auch dafür habe ich mehr Zeit, wenn ich kürzer in der Küche stehe.

Wenn mich meine Erziehung doch mal wieder einholt und ich hadere, stelle ich mir folgende Frage: Woran werden sich meine Kinder später eher erinnern – an virtuose Kochkreationen oder an unseren Weihnachtswettbewerb im Sich-gegenseitig-Fleischbällchen-in-den-Mund-Werfen auf einer Decke vor dem Tannenbaum? Gerade getestet: Auf der Abiturfeier sprach ich mit Sohn Nummer drei über herrliche Kindheitserlebnisse. Das Spaghettiessen ohne Besteck dafür mit Müllsack über dem Kopf zum Schutz der Kleidung, rangierte ganz weit vorn, knapp hinter der Tortenschlacht in der Badewanne.

Zurück zu den Ratschlägen aus den Foren. Es traf sich übrigens gut, dass ich das Vorratskochen eingestellt hatte und mittlerweile alle Tiefkühl-Bolognesereste verbraucht waren, denn Sohn Nummer vier verkündete eines Tages: »Ich bin ab heute Vegetarier.« Erstaunen in den Gesichtern der Brüder. Ich unterdrückte ein leichtes Stöhnen. Okay. Von nun an gab es für mich also eine zusätzliche Herausforderung: Ich musste die einzelnen Ernährungsrichtungen berücksichtigen. Vegetarische Ernährung ist nachhaltig und gesund, und selbstverständlich würde ich meinen Sohn unterstützen. Am selben Nachmittag war dieser zu einem Schwimmbadgeburtstag in die Badebucht in Wedel eingeladen. Nachdem die achtjährigen Rabauken zwei Stunden vergnügt im Wasser getobt hatten, gab es einen Mittagssnack: Pommes mit – Chicken McNuggets. Als mein Sohn mit großem Appetit Ketchup über seine Portion verteilte, fragte ich ihn leise:»Soll ich dir schnell etwas anderes besorgen? Du bist ja Vegetarier?«

Er schüttelte den Kopf.»Das sind doch nur McNuggets und kein Fleisch.«

Lag es an seinen noch überschaubaren Grundschul-Englischkenntnissen, dass er keineswegs auf die Idee kam,»Chicken« könnte etwas mit»Huhn« zu tun haben? Oder gehörte er zu der Gruppe»Denn sie wissen nicht, was sie essen«? Oder hatte ich gerade eine große Lücke in der Allgemeinbildung aufgedeckt? Hatte ich versäumt, meinen Kindern die Herkunft von Lebensmitteln zu erklären? Ein Hauch von Schuldgefühl vermischte sich mit dem Geruch von frittiertem Fast Food.

»Chicken McNuggets werden aus Hähnchenfleisch gemacht«, klärte ich meinen Sohn auf. Ich hielt es für pädagogisch angemessen, ihn mit Details zum Produktionsprozess zu verschonen. Als ich den auf die Schnelle googelte, wurde mir schlecht. Sohn Nummer vier hingegen reagierte gelassen auf die Nachricht.

»Okay, dann mache ich heute mal eine Ausnahme mit dem Vegetarier-Sein«, verkündete er. Damit war das Thema erst mal durch für ihn, zumindest für mehrere Monate.

Seine Brüder allerdings beschäftigten sich schon länger kritisch mit dem Thema Fleischkonsum. Sie dachten über den Zusammenhang von Klimabelastung, Tierhaltung und Tierwohl nach. Hieß es früher immer:»Wir brauchen Fleisch für den Muskelaufbau!«, lernte ich jetzt:»Stark wie ein Bulle? Klar, aber welcher Bulle braucht Fleisch für die Kraft?« Ein überzeugendes Argument.

Als ein paar Wochen später ihre Entscheidung gereift war, vegetarisch zu leben, waren sie deutlich konsequenter als ihr kleiner Bruder. Fleisch wurde fortan komplett vom Ernährungsplan gestrichen. Berge von Obst, Gemüse, Linsen, Quinoa und Reis landeten stattdessen im Einkaufswagen. Zuerst murrte und stöhnte ich ein bisschen über die Neuerfindung der Mahlzeiten. Doch nach und nach fühlte diese sich auch für mich immer besser an, sowohl aus ethischen als auch aus gesundheitlichen Gründen. Und mir ging es richtig gut mit der neuen Ernährung. Allerdings hatte ich gelesen, dass Vegetarier häufig unter Eisenmangel leiden. Also riet ich meinen Söhnen: »Ihr müsst eure Blutwerte regelmäßig kontrollieren lassen.«

»Das geht bei mir leider nicht«, wandte Sohn Nummer zwei ein. »Ich habe zu harte Muskeln, da bricht jede Nadel ab.«

Muskeln! Die kann man doch auch für Einkäufe nutzen … Zum Beispiel, um der Mutter zu helfen, die Weihnachtseinkäufe an Land zu bringen. Während sich Jahr für Jahr die Menschen um mich herum über Weihnachtspfunde beklagten, nahm ich über die Festtage meist ab. Und zwar, weil ich dafür zuständig war, dass der Rest der Familie zunahm. Verwandte, Kinder, Dutzende ihrer Freunde … Inklusive Hund habe ich von Weihnachten bis Silvester täglich drei Mal mindestens zehn hungrige Mäuler gestopft. Dafür war ich gefühlt hundertmal im Supermarkt, habe Berge von Lebensmitteln geschleppt, gekocht, gedeckt, aufgeräumt, Tannenbäume nach Hause getragen, geschmückt, Geschenke eingewickelt … Wer, bitte, soll da zunehmen?

Während ich also schweißgebadet durch die angeblich so besinnliche Adventszeit galoppierte, um Kubikmeter Nahrung plus Festtags-Specials zu organisieren, lagen die Jungs ganz gechillt in ihren Betten und freuten sich einfach nur auf die wunderbare Bescherung am Heiligabend.

Das musste sich ändern. Nachdem ich die ersten Fuhren bereits nach Hause gekarrt hatte, klopfte ich vor ein paar Jahren einmal gegen Mittag bei Sohn Nummer eins erst an die Zimmertür, dann riss ich sie ungeduldig auf:»Kannst du mir vielleicht beim Einkaufen helfen? Wäre toll, wenn du die Getränke übernehmen würdest.«

Was ich dabei nicht bedacht hatte: Junge Menschen brauchen für ihre Entwicklung nicht nur Berge von Nahrung, sondern auch viel Ruhe und Schlaf.»Weißt du, Mami, ich bin gerade erst aufgewacht und eigentlich immer noch müde.«

Während ich überlegte, wie ich auf diese Antwort reagieren sollte, fuhr er fort:»Wozu brauchst du denn überhaupt Hilfe? Da gibt es am Eingang Wagen für die Getränkekisten und manchmal sogar Hilfen auf dem Parkplatz.« Als er meinen fassungslosen Gesichtsausdruck sah, fügte er ermutigend hinzu:»Das schaffst du ganz bestimmt.«

Ich glaube, der liebe Gott hat Mütter mit einer extra dicken Haut ausgestattet, unter der ihre Liebe lebenslang unantastbar ist. Und er hat ihnen die Fähigkeit geschenkt, vor allem die guten Seiten im Miteinander zu sehen.

Irgendwo zwischen all dem Gekoche bin ich, ohne es je geplant zu haben, selbst Flexitarierin geworden. Fleisch esse ich nur noch selten und dann viel bewusster. In Sachen zeitgemäße gesunde Ernährung und Nachhaltigkeit konnte ich eine Menge von meinen Söhnen lernen.

Übrigens: Auch Nummer vier verzichtet nach seiner langen »Vegetarier-Ausnahmephase« heute überzeugt auf Fleischverzehr.

7

Mitten ins Abseits katapultiert – oder: Wer ist Michael Jordan?

Warum es manchmal besser ist, sich beim sportlichen
Fachsimpeln rauszuhalten, und wie das ständige
»Höher, Weiter, Schneller« in meiner Umgebung
meine Gedanken zum Sport und sogar meinen
Trainingsplan beeinflusst.

Geduldig fotografierte ich Sohn Nummer zwei, der neben lebensgroßen Basketball-Figuren posierte, die Finger in die Handabdrücke jedes einzelnen Spielers legte und wie Alice im Wunderland durch die Abteilungen des Ladens in Manhattan lief.

Schon zuvor hatten wir Ewigkeiten in einem Nike Store verbracht, und ich war ihm durch zig weitere Sportartikel-Shops, an deren Namen ich mich nicht erinnere, hinterhergelaufen, bis wir in ebendiesem in der Fifth Avenue standen.

Der New-York-Trip war mein Geschenk zum Abitur an meinen Zweitältesten, und es machte mir Spaß, mit ihm die Stadt zu entdecken, seinen Ideen zu folgen und seine Wünsche zu erfüllen. Aber an diesem Nachmittag und nach einem stundenlangen Marathon durch die Sportläden geriet ich langsam an meine Grenzen. Ich war einfach nur noch erschöpft. Kein

Wunder, dass meine Aufmerksamkeit nachließ und ich mittlerweile gar nicht mehr wusste, um welche Helden welcher Sportart es sich gerade handelte.

»Jetzt nur noch zu den Trikots«, ermunterte mich Sohn Nummer zwei. »Dann können wir gehen.« Ich schöpfte Hoffnung und trottete hinter ihm her. James, Curry, Anthony, Barns ... Mit fachmännischem Blick durchstöberte der Sportfan die leuchtenden Trikots mit den Spielernamen, bis er fündig wurde und mir ein schwarzes Shirt mit rotem Namenszug präsentierte: Jordan 23. Als ein hilfsbereiter Verkäufer um die Ecke kam, fragte er ihn nach seiner Größe. Irgendwo meinte ich den Namen Jordan schon mal gehört zu haben, aber in welchen Zusammenhang?

Um meine Wissenslücke zu schließen, nutzte ich die Gelegenheit, als mein Sohn mit dem Shirt Richtung Umkleidekabine verschwand, und fragte den Verkäufer, der gerade weitere Trikots ins Regal sortierte: »Excuse me – can you please help me with some information? Who is Jordan? And where does he play?«

Ich hatte nicht gemerkt, dass Sohn Nummer zwei bereits wieder hinter mir stand. Vor Entsetzen versank er fast im Erdboden, während der Verkäufer sich prächtig amüsierte. »Hey guy, maybe you can help your mom ...« Wie er darauf reagierte? Dazu später mehr.

Theorie und Praxis sind bei mir in Sachen Sport kilometerweit voneinander entfernt. Und das, obwohl Sport in meiner Familie eine Riesenrolle spielte. Von klein auf stand es völlig außer Frage, dass Sport zum Leben gehört wie das Atmen. Mein Vater joggte regelmäßig, meine Mutter praktizierte

Yoga, als noch kaum jemand wusste, was das ist, gemeinsam spielten sie jede freie Minute Tennis. Unser Wochenende begann damit, dass mein Vater mit uns am Freitagabend in eine kleine Turnhalle fuhr, die er von irgendeinem Verein privat hatte mieten dürfen. Dort sprangen wir nach seiner Anweisung über Kästen, turnten am Schwebebalken, hingen an Ringen. Ich weiß nicht, ob mein Vater mit seinem Freitags-Drill ein höheres Ziel verfolgte, aber eines kam dabei heraus: Wir waren fit.

Am Samstag ging es dann weiter. Anfang der Siebzigerjahre Jahre wurde vom Deutschen Sportbund die »Trimm-dich-Bewegung« ins Leben gerufen. Teil davon war eine kleine Postkarte mit einhundert Feldern, Trimmspirale genannt, in die man jede Art von Sport eintragen konnte. Jedes von uns Kindern bekam so eine Trimmspirale. Tatsächlich motivierte sie mich zu Dutzenden von Extra-Sporteinheiten. Man startete außen und arbeitete sich Kästchen für Kästchen kreisförmig zur Mitte vor. Ich war mächtig stolz, für jedes Training den entsprechenden Buchstaben in eines der Kästchen eintragen zu dürfen. Außerdem waren wir Geschwister im ständigen Wettbewerb, wer zuerst seine Karte voll hatte.

Diese Sportkindheit ist nicht spurlos an mir vorübergegangen. Als Erwachsene habe ich jahrzehntelang Fitnessstudios besucht und entdeckte dazu das Joggen für mich. Das alles nicht unbedingt aus Leidenschaft, sondern mehr aus der Erkenntnis, wie gut es mir tut. Und diese Erfahrung habe ich später ungeprüft in meine Familie übernommen. Kaum waren die Jungs aus der Krabbelgruppe raus, meldete ich sie bei der Hockey-Spielgruppe an. Jeden Winter fuhren wir in den Ferien nach Österreich, wo sie die Kinder-Skischule absolvierten. Sport hielt ich für alternativlos und entscheidend für ihre Entwicklung. Einmal sportlich angeschubst, kam der Ball ins Rollen – sozusagen. Hockey, Fußball, Boxen, Tennis, Krafttraining, Fahrradfahren, sogar Breakdance hat mein Ältester ausprobiert. Die Jungs waren gar nicht zu bremsen. Aber ist das verkehrt? Ich meine, Sport ist doch gesund. Und wer in beiden Händen eine Hantel trägt, kann weniger Quatsch machen, Playstation spielen, Bierflaschen öffnen. Ich gebe zu, dass ich damals gar nicht auf die Idee kam, musische Alternativen anzubieten. Das bereue ich heute manchmal. Automatisch hatte ich vorausgesetzt, dass meine Jungs weder Interesse noch Begabung hätten. Und entdecken konnten sie beides bei uns nicht. Vielleicht hätte das Spielen eines Instruments in einer Band ebenso positive Effekte auf das Leben und die Laune gehabt wie Sport? Alles Spekulation.

Fakt hingegen ist: Meine Söhne spielen Fußball und Hockey, seit sie laufen können, die beiden Älteren also deutlich mehr als zwanzig Jahre. Ein Zeitraum, in dem Menschen mit mittlerer Auffassungsgabe die Grundzusammenhänge beider Sportarten kapiert haben sollten. Ich verstehe ja selbst nicht, was bei mir da schiefläuft. Manchmal kommt es mir so vor, als wären die dafür vorgesehenen Gehirnwindungen defekt. Als hätte ich sozusagen ein angeborenes Theorie-Defizit. Sohn Nummer zwei hat mir schon zig Mal erklärt, in welcher Liga er und seine Brüder Hockey spielen, wann »Fuß« gepfiffen und wann eine »Strafecke« verhängt wird. Eine neuralgische Frage beim Fußball ist mittlerweile auch: »Was war jetzt ›Abseits‹?« Es ist Jahre her, dass ich mich getraut habe, sie zu stellen. Beim letzten Mal stöhnte Sohn Nummer zwei nur noch gequält. »Ich antworte darauf jetzt nicht mehr, Mami. Die einzige Beobachtung, die du bei jedem Länderspiel machst, ist, dass Bastian Schweinsteiger im Alter immer besser aussieht. Gib einfach auf!«

Seine Reaktion auf dem heimischen Sofa im Umgang mit unqualifizierten Fußballkommentaren war jedoch nichts, verglichen mit meinem für ihn so peinlichen Auftritt in diesem Laden. Er schaute mich an, als hätte ich wirklich nicht mehr alle beieinander, und er machte auch keinerlei Anstalten, der Aufforderung des Verkäufers zu folgen und mich in irgendeiner Form aufzuklären. Wir waren im NBA Store. Und wer, selbst unfreiwillig, den Fuß über die Schwelle setzt, sollte eigentlich gemerkt haben, um welche Sportart es sich im Fan-Shop der National *Basketball* Association dreht. Und auch, wer Michael Jordan ist. Jaaaa, irgendwo hatte ich den Namen tatsächlich schon mal aufgeschnappt. Aber dass er der erfolgreichste Basketballspieler aller Zeiten war, hatte ich nicht abgespeichert.

Ich wartete, bis Sohn Nummer zwei sich sein Fan-Trikot gekauft hatte, dann verließen wir den Laden.

Zu meiner Entschuldigung kann ich nur sagen: Meine Jungs fachsimpelten täglich so viel über Sport – jaaaa, dafür hatten sie immer Worte –, dass ich zeitweise innerlich abschaltete und diese Gespräche so ähnlich wahrnahm, als liefe im Hintergrund der chinesische Wetterbericht. Ihre Unterhaltungen drehten sich auch keinesfalls nur um Basketball. Es wäre energiesparender, ich würde die Sportarten aufzählen, die sie nicht interessieren.

Ab und zu schnappte ich dann doch einen Namen auf, mit dem ich zufällig etwas anfangen konnte. Andre Agassi etwa, weil wir aus einer Generation sind, was auf Usain Bolt und Emanuel Buchmann nicht mehr zutrifft, aber auch diese Namen sind schon mal an meinem Ohr vorbeigesaust. Dann hört es jedoch langsam auf. Ist das nicht normal? Mal ein Test: Kennen Sie Jan Frodeno? Oder Christoph Strasser? Und Tom Brady? Wissen Sie, welche Art Sport die betreiben?

Falls Sie jetzt nicht spontan »Ja, klar!« gerufen haben, hier die Auflösung: Jan Frodeno ist ein deutscher Triathlet, der neben der Goldmedaille bei der Olympiade 2008 bereits dreimal den Ironman Hawaii gewonnen hat. Christoph Strasser aus Österreich betreibt Extremsport. Er ist der erste Mensch, der mit einem herkömmlichen Fahrrad tausend Kilometer in weniger als vierundzwanzig Stunden fuhr. Und Tom Brady war der Quarterback der Tampa Bay Buccaneers.

Zwischen dem Fachgesimpel meiner Jungs fühlte ich mich jedenfalls meist so fehl am Platz wie ein Wellensittich in einer TV-Sportkommentatoren-Runde.

Übrigens: Seit meinem peinlichen »Wer-ist-Jordan?«-Auftritt versuchte ich mein Nichtwissen ab und zu etwas aufzupolieren. Bevor ich weitere Fragen stellte, die mich sofort ins Aus katapultieren würden, googelte ich mir die Informationen lieber rechtzeitig zusammen. Vor ein paar Monaten etwa bekam Sohn Nummer zwei vor lauter Gähnen am Telefon kein Wort heraus. »Hab die halbe Nacht Super Bowl geguckt«, war seine Erklärung. Kaum war das Gespräch zu Ende, schoss ich in mein Arbeitszimmer, gab Super Ball in die Suchmaschine ein und fand: »Ein Super Ball oder Superball ist ein Spielzeug-Hüpfball, der auf einer Art synthetischem

Kautschuk basiert, der 1964 vom Chemiker Norman Stingley erfunden wurde.«

Und jetzt erinnerte ich mich, selbst als Kind so ein Teil gehabt zu haben. Ich glaube, er war rosa und hatte zwei lila Ohren, an denen ich mich festhalten konnte, während ich fröhlich um den Wohnzimmertisch hüpfte. Aber Hüpfwettbewerbe, für die mein Sohn sich die Nächte um die Ohren schlug? Ich war skeptisch, scrollte weiter:»Mit dem Superball kann man Pokémon fangen. Die Fangrate des Superballs beträgt 1,5 ...«

Kurz danach stieß ich auf ein Rezept für die Zubereitung einer veganen Buddha Bowl, bevor Google mich freundlich fragte:»Meintest du Super Bowl?«, und mich endlich zum richtigen Ergebnis führte. Der»Super Bowl« ist nämlich weder Spielzeug noch Zauberkraft, sondern das Finale der US-amerikanischen American-Football-Profiliga, der NFL, und halb Amerika sitzt jedes Jahr vor dem Fernseher, um das Sportereignis zu erleben. Wieder was gelernt!

Es gab Zeiten, da sah ich Sohn Nummer zwei überwiegend hinter einem iPad, das er vom Schlafzimmer über das Badezimmer bis in die Küche auf dem Arm balancierte. Beim Kochen stand der Bildschirm hinter dem Ceranfeld, beim Frühstück vor seinem Teller, im Bad auf der Fensterbank, um selbst beim Duschen keine Sekunde der Championships, Pokalspiele, Wettkämpfe, Endrunden von Eishockey, Tennis, Golf, Boxen, Rennrad, Capoeira und anderer Sportarten zu verpassen, die sich nicht in meinem aktiven Sprachschatz befanden. Neulich guckte er sogar die Dartmeisterschaft in Irland.

Apropos: Seit diesem Ereignis hängt selbstredend auch eine

Dartscheibe in unserem Flur. Mutter tut, was sie kann, um die Jungs in ihrer Sportleidenschaft zu unterstützen. Aber manchmal musste ich auch auf die Bremse treten. Hätte ich all ihre Sportgeräte-Wünsche erfüllt, würde unser Haus einem Agility-Parcours für Hunde gleichen. Regelmäßig auf ihrer Wunschliste stehen: Hockey-Kunstrasen, Fußballtore, Basketballkörbe, Tischtennisplatte, Multifunktions-Kraftstation fürs Muckitraining und ein Rudergerät. Besonders intensiv erlebte ich den Bewegungsdrang in den Corona-Quarantänezeiten. Hinter Betten, Sofas, Esstischen waren Matten ausgerollt, auf denen die Jungs mit Bändern, Hanteln oder Liegestützen den Körper stählten. Im Kühlschrank standen Eiweißshakes, und über der Heizung im Bad hingen ununterbrochen Klamotten zum Ausdünsten. Die Fortschritte wurden vor dem Spiegel bewundert und kommentiert.

Als wir im letzten Jahr die Großmutter besuchten, drehten sich die Themen natürlich auch wieder um Sport. Und ich staunte nicht schlecht, als meine Mutter tönte: »Mit dem Sport ist es ebenso wie mit vielen anderen Talenten, sie überspringen in der Vererbung meist eine Generation. Ich war ja so eine begnadete Leichtathletin in der Schule. Weitsprung war meine Leidenschaft. Einmal habe ich die fünf Meter geknackt. Habe ich euch eigentlich schon die Geschichte erzählt, als ich während einer Jugendfreizeit über den riesigen Topf mit der Erbsensuppe gesprungen bin?«

Natürlich hatten wir diese Geschichte, wie so viele andere, bereits mindestens hundert Mal gehört: Dreimal hatte es damals geklappt mit dem eleganten Sprung, beim vierten Mal war meine Mutter am Topf hängen geblieben, und das

Mittagessen für die gesamte Mädchengruppe war quasi im Sande verlaufen. »Eure Sportleidenschaft und das Talent habt ihr jedenfalls von mir geerbt und …«

»Das hört sich ja so an, als ob meine Mutter überhaupt nicht sportlich wäre«, unterbrach Sohn Nummer drei seine Großmutter empört, bevor sie mit weiteren Erbmaterial-Höchstleistungen prahlen konnte.

Ich schenkte ihm einen dankbar-liebevollen Blick. Vor allem, weil sich seine Meinung zu Sport und Frauen in der letzten Woche noch ganz anders angehört hatte.

»Eben haben wir Frauenfußball auf der X-Box gespielt«, erklärte er mir da. »Das war echt bitter!«

Der Meinung schloss sich auch Nummer vier an: »Die sind derbe schlecht. Mit einem normalen Spieler könnte ich die ganze Mädchen-Mannschaft ohne Probleme abziehen.« Als er meine hochgezogenen Brauen sah, fügte er schulmeisterhaft hinzu: »Ehrlich, Mami, es gibt einfach Sportarten, die sind nichts für Frauen!«

Bei aller Mutterliebe: Das konnte ich nicht unkommentiert durchgehen lassen.

»Das kann man so allgemein sicher nicht sagen, mein Schatz«, widersprach ich. »An welche Disziplinen denkst du zum Beispiel?«

Ohne viel zu überlegen, begann er aufzuzählen: Fußball, Hockey, Tennis, Reiten, Schwimmen, Laufen, Rugby, Skifahren, Gewichtheben, Boxen, American Football, Leichtathletik …

Als er meinen fassungslosen Gesichtsausdruck sah, fügte er tröstend hinzu: »Aber ich glaube, Frauen springen gut über Gräben.«

Wer kann sich so etwas anhören, ohne einen Schreikrampf zu kriegen? Obwohl … In den meisten Sportarten haben es Männer tatsächlich leichter – aufgrund von Körpergröße und Muskelmasse. Ich gebe zu, dass ich selbst googeln musste, um Disziplinen zu finden, in denen Frauen besser abschneiden als Männer. Auf jeden Fall sind es schon mal Dauerschwimmen und Reitsport.

Tjaha, auf dem Pferderücken fühle ich mich so sicher und wohl wie meine Jungs mit einem Ball unterm Arm. In unserem letzten Urlaub gelang es mir tatsächlich, Sohn Nummer vier, der noch nie zuvor geritten war, zu einem Strandausritt zu überreden. Chapeau! Dazu gehört Mut. Er hielt sich recht gut, sogar im Trab.

Als ich vergnügt an ihm vorbeigaloppierte, genoss ich seinen bewundernden Blick. Endlich ein Sport, den ich besser beherrschte als er. Seine Erkenntnis nach dem Ritt: »Das lag nur daran, dass du das bessere Pferd hattest.«

Ob er das »Frauen-können-gut-über-Gräben-springen« metaphorisch gemeint hatte? Ich kann mich nicht erinnern, vor den Augen meiner Jungs je einen übersprungen zu haben. Was wir Mütter aber vor allem können, ist, in einer vielfach herausfordernden Performance Schmerzgrenzen zu überwinden und solche Bemerkungen einfach entspannt wegzuatmen.

Trotz vieler frustrierender Momente hat das Sportverhalten meiner Jungs meine eigene Sportlichkeit noch einmal immens geboostet. Früher bin ich Liebeskummer und den Babypfunden davongelaufen. Heute jogge ich gegen die Wechseljahre. Aber mein Fitnesslevel ist mindestens um hundert Prozent gestiegen, seit die Jungs ständig um mich herumturnen. Ihr ständiges »Höher, Weiter, Schneller« hat mich angespornt. Ich laufe inzwischen zweimal statt einmal die Woche und habe mir dafür sogar eine Running-App heruntergeladen, um Strecke, Geschwindigkeit und Fortschritt zu checken. Und seit Sohn Nummer drei jeden Morgen eine Stunde früher aufsteht, um vor der Schule ins Gym zu fahren, rolle ich in aller Herrgottsfrühe meine Yogamatte aus und beginne den Tag mit einem Sonnengruß, statt eine halbe Stunde länger zu schlafen.

In einem Anfall von Euphorie probierte ich dazu auch noch eine Gesundheits-App aus, um meine Essgewohnheiten zu erkennen und zu optimieren. Denn wer kann schon mit gutem Gewissen auf dem Sofa liegen und Cashewkerne wegschaufeln, ich liebe sie geröstet und gesalzen, während der Rest der Familie sich von Low-Carb und High-Protein ernährt? Einen Monat lang habe ich überwiegend ehrlich jedes Kekskrümelchen eingegeben, das ich mal eben so im Vorbeigehen genascht habe, und auch jedes Glas Wein am Abend. Meine erschreckende Bilanz hat mich zwar für gesündere Ernährung sensibilisiert, aber das ging bei mir langsam schon in Richtung zwanghaft. Und mit Zwang habe ich es nicht so. Ich glaube sogar, wer die (ungeschriebenen) Regeln ab und zu bricht, geht gelassener und glücklicher durchs Leben. Mein Motto: Regeln und To-dos auf Sinn und Verstand prüfen und im Zweifel lieber dem eigenen Bauchgefühl folgen: Abgeschnittene Jeansshorts trägt man nicht mit über fünfzig? Mir doch egal! Nur hinter vorgehaltener Hand übers Alter sprechen? Wieso das denn? Ist alt werden etwa verboten? Nur noch Superfood auf den Tisch und geröstete Kichererbsen als Snacks? Das kommt mir überhaupt nicht in die Tüte. Dazu habe ich sogar ein ganzes Buch geschrieben.

Und ich wäre megastolz, wenn meine Söhne später niemals den Satz »Das tut man nicht« ungeprüft und ohne sinnvolle Erklärung zu ihren Kindern sagen würden.

Bei aller Motivation: Manchmal verlieren meine Söhne das normale Gefühl für meine Leistungsfähigkeit, für den Unterschied zwischen einer Frau jenseits der fünfzig und ihren Kraftmaschinen-Körpern. Sicher ist es gut, die eigenen Grenzen täglich höher zu setzen, aber doch immer im Rahmen der Möglichkeiten. Als Sohn Nummer drei mich nach unserem letzten Umzug fragte, ob ich zur Entspannung mit ihm Joggen gehen würde, konnte ich nur noch stöhnend den Kopf schütteln. Ebenso wenig folge ich nach einem langen Tag der Aufforderung: »Fahr doch zu deiner Dinner-Verabredung mit deiner Freundin schnell mit dem Rad in die Stadt!« Klammer auf: Mit Hin- und Rückweg sind das dreißig Kilometer. Und auch bei dem Ratschlag meines Jüngsten – »Streng dich mal ein bisschen mehr an. Du musst so viele Liegestütze machen, bis der ganze Körper brennt, erst dann bildest du so richtig doll Muskeln« – habe ich gestreikt.

»Ich habe schon den ganzen Tag gearbeitet, und ich bin viermal so alt wie du.« Er verstummte beeindruckt von dieser Zahl und musterte mich mitleidig.

Umso unerwarteter traf es mich, als er ein paar Wochen später im Urlaub plötzlich vor meiner Liege am Pool stand, auf der ich mich mit einem Buch gemütlich niedergelassen hatte, und fragte: »Mami, spielst du mit mir eine Runde Tennis?«

Tennis? Okay, mein Zwangsjugendtraining auf Wunsch der Eltern konnte nicht spurlos an mir vorbeigegangen sein.

Ich witterte Rehabilitationspotenzial. Immerhin hatte derselbe Sohn vor Kurzem verlauten lassen, die meisten Sportarten seien wirklich nichts für Frauen. Zehn Minuten später standen wir auf dem Platz. Ich erklärte meinem Sohn ein paar Grundbegriffe und spielte ihm die Bälle zu. Von wegen: »Frauen können nur über Gräben springen!« Sogar gegen die Sonne erkannte ich sein überraschtes Lächeln.

Zurück am Pool, kletterte er auf den Fünf-Meter-Sprungturm, vergewisserte sich meiner bewundernden Aufmerksamkeit und sprang. Kurz zuckte ich zusammen, als er durch die Luft in die Tiefe flog. Der Mutterinstinkt, er lässt sich einfach nicht abschalten … Noch mehr aber zuckte ich, als mein Jüngster ein paar Minuten später pitschnass vor meiner Liege stand und sagte: »Jetzt bist du dran!«

Nach der Tennisstunde war ich offensichtlich auf seiner Frauen-Sport-Skala um zehn Punkte in die Höhe geschnellt. Gerade wolle ich ansetzen: »Ich bin eine Mutter, ich springe nicht von Meterbrettern …« Aber dann dachte ich an die Gräben und das Frauenbild, das es zu stärken galt, verschluckte den Einwand, sammelte kurz alle mir zur Verfügung stehenden Mutreserven und antwortete nur knapp: »Okay.«

Mit zittrigen Beinen und einem flauen Gefühl im Magen stieg ich die Leiter hoch. Was, wenn ich auf dem Bauch landete, stolperte und gegen das Brett knallte, mich vor den Augen meines Sohnes ohnmächtig ins Wasser stürzte, war ich gegen Freizeitunfälle überhaupt versichert, und was wäre, wenn …?

Das Störende am Erwachsensein ist, dass wir uns ständig Gedanken machen über das, was sein könnte, aber nicht muss, oder? Wie oft, bitte, hören wir von Leuten über fünfzig, die beim Sprung vom Meterbrett ernsthaft Schaden erlitten haben?

Ich zögerte nicht länger, sondern sprang. Das Adrenalin schoss durch meinen Körper, Glücksgefühle aus Kindertagen. Und von dem bewundernden Blick meines Sohnes, als ich prustend wieder auftauchte, zehre ich noch immer.

Aber wo wir jetzt so unter uns Jungsmüttern sind: Kann mir eine vielleicht schnell mal die Abseits-Regel erklären?

8

Kosmetiker oder Bankräuberin –
Gedanken zum Gendern

Früher war mir das Sternchen mitten im Wort fremd.
Heute bin ich überzeugt, dass es sein Licht auf die Vielfalt
der Menschen richtet. – Über die Geschlechterschubladen
meiner Jugend, wie sie mich geprägt haben und wie meine
Jungs sie heute durcheinanderwirbeln.

Von meiner eigenen Kindheit bis zu der meiner Jungs hatten meine Familie und ich uns an die männlichen Formen der Sprache so gewöhnt wie an das Hamburger Wetter. Und genauso selbstverständlich haben wir sie benutzt, ohne darüber nachzudenken, welche Benachteiligungen das verursachen kann. Wenn es Lastwagenfahrer*innen und Bürgermeister*innen gar nicht gibt, kommt natürlich auch kein Mädchen auf die Idee, sich für diesen Beruf zu bewerben.

Meine Mutter und später auch meine Schwiegermütter wuchsen in einer heteronormativen Gesellschaft auf, vermutlich ohne zu wissen, was das überhaupt ist. Sie kamen aus einer Generation, wo es nur zwei Geschlechterschubladen gab, groß und ordentlich sortiert nach: typisch Jungs, typisch Mädchen. Alle nutzten gern noch Redewendungen wie »Indianer kennen keinen Schmerz« oder »Echte Männer weinen nicht«. Das fühlte sich für mich immer schon absurd an. Deshalb bestärkte ich, damals noch eher intuitiv, meine Jungs von klein auf in ihren Gefühlen und ermutigte sie, diese zu zeigen. Aber an anderer Stelle habe ich ihnen sicher nicht immer Alternativen zum »typischen« Jungs- und Männerbild präsentiert. Ich habe meinen Jungs Pistolen und Schwerter zum Spielen geschenkt und sie als Cowboys oder Panzerknacker zum Fasching geschickt. Es kam mir nicht einmal in den Sinn, ihnen Gegenvorschläge wie Prinzessin oder Meerjungfrau anzubieten. Ich freute mich zwar über eine leicht zunehmende Offenheit und Toleranz gegenüber individuellem und nicht geschlechtertypischem Verhalten, ertappte mich dann aber auch immer wieder dabei, selbst in altbekannten Mustern zu denken.

Vor einigen Jahren kam ich auf die Idee, einen Schreibkurs an der Grundschule anzubieten. Es wurden Eltern gesucht, die verschiedene AGs am Nachmittag leiten sollten. Ich überlegte nicht lange und beschloss, einen Kurs für kreatives Schreiben anzubieten. Nicht nur um meine Leidenschaft für das Schreiben zu vermitteln, sondern auch, weil ich insgeheim die Chance witterte, ein paar fröhliche Stunden mit Mädchen zu verbringen. Es gab bereits eine Fußball-AG, eine Leichtathletik-AG und einige andere, die nicht nur von mir als »typische« Jungsangebote gelesen wurden. Ich war überzeugt, dass ich mit dem Erfinden von Geschichten, zu denen man hübsche Bilder malen konnte, die Mädchenherzen erobern würde. Sprich: Ich rechnete mit einem Haufen Jungautorinnen. Einen Tag nachdem der Kurs ausgeschrieben worden war, sprang Sohn Nummer vier mittags vergnügt in mein

Auto. »Ich habe mich gerade für deinen Kurs angemeldet. Das wird bestimmt cool!«

Ich war gerührt. Wie lieb von meinem Jüngsten! Vermutlich hatte er sich aus Pflichtgefühl angemeldet, um mir eine Freude zu machen? Während ich noch überlegte, wie ich ihm schonend beibringen könnte, dass er vermutlich der einzige Junge sein würde, fuhr er bereits fort: »Tom, Jonas und Philipp sind auch dabei.« Was soll ich sagen. Zwei Tage später war der Kurs ausgebucht. Auf der Liste standen zwölf Jungs und null Mädchen!

Und ich hatte wieder erfahren, wohin es führt, wenn man immer nur über die gleichen, gewohnten Denkautobahnen fährt.

Als eine Woche später der Kurs begann, bot ich dem aufgeregten Haufen Jungs ganz bewusst und »pädagogisch wertvoll« eher »weibliche« Themen an. »Wollen wir eine lustige Tiergeschichte schreiben? Ein Familienabenteuer oder eine Liebesgeschichte?«, fragte ich sie in der ersten Stunde. Die Jungs guckten mich an wie ein Rudel Löwen, denen man zum Frühstück einen Teller Obst hingestellt hatte. Und auch das gehört zum Umgang mit und zum Aufbruch von Rollenklischees: Die Bemühungen um Gendergerechtigkeit dürfen nicht dazu führen, dass Jungs schräg angeguckt werden, weil sie ihr Rollenklischee voll erfüllen. Wer glücklich damit ist, sollte nicht zur Veränderung gedrängt werden.

Am Ende der Stunde stand jedenfalls der Titel für unseren Action-Thriller fest: »Blutiger Bankraub«. Die Hauptrollen spielten drei Bankräuber, der Agent John Bond, der Bankangestellte Hobbit Goethe und ein alter, humpelnder Mann aus Rissen. Für Krimi-Liebhaber hier der Anfang der

Geschichte: »Mitternacht in Paris. Nur einige Blitze durchbrachen die Dunkelheit. Es regnete, und ein heftiger Sturm fegte durch die menschenleere Straße. Eine Ratte guckte aus einem Gullideckel und beobachtete einen alten Mann aus Rissen, der über den nassen Gehweg humpelte. Ein paar Meter weiter stoppte ein schwarzer VW-Bus mit dem Kennzeichen KB (Killerbande) 500 vor der Eiffelturm-Bank. Drei Männer mit Rabenmasken vor dem Gesicht stiegen lautlos aus und schlichen zum Hintereingang der Bank.« Ich war stolz auf den spannenden Einstieg »meiner« Jungs.

In den folgenden Kapiteln und Wochen ging es dann vor allem um Laser-Striker, Stromschocker, Feuerschwerter, Maschinengewehre und Hyperstrahl-was-auch-immer-Waffen. Jeden Mittwoch feuerten die Jungs mir ihre blutrünstigen Ideen um die Ohren. In ihrem Eifer sprangen sie über Tische und Bänke. Sie schossen, um die Actionszenen nachzuspielen, mit imaginären Waffen aufeinander und warfen sich dramatisch zu Boden. Sieben Kassiererinnen sollten während des Banküberfall-Thrillers hingerichtet werden. Auf welche Art, darauf möchte ich hier lieber nicht weiter eingehen.

Einen klitzekleinen Trost in Sachen »Menschlichkeit« gab es zumindest: Den blutrünstigen Jungs war es wichtig, dass diese Frauen keine Kinder haben sollten. Und im Laufe der Schreibarbeit wurden die Frauenkiller dann doch etwas unsicher. Als ich in der letzten Stunde an ihre Storyline erinnerte, wurde es still im Klassenraum. Keine Ahnung, woher der Wandel kam, aber plötzlich schlug mein Sohn ein ganz anderes Ende vor: Kassiererin Chantalle Müller (der Name wurde mit 12:1 Stimmen gewählt) ist Meisterin des Kampfsportes: Karate – schwarzer Gürtel! Im spannenden

Finale erledigt sie den gefährlichen Bankräuber mit schwungvollem Tritt und messerhartem Handkantenschlag. Und für Spezialagent John Bond oo-Nix gab es nun nicht mehr zu tun, als sich in die schöne, starke und mutige Chantalle zu verlieben.

Sieht so aus, als wären all die Jahre Erziehungsarbeit nicht völlig spurlos an meinem jüngsten Sohn vorbeigegangen. Wir haben die Geschichte umgeschrieben, ich habe meinen Glauben an das Gute in den Jungen zurückgewonnen und einmal mehr erfahren: Jungssein ist vielseitig, und es gibt mehr als nur ein männliches Verhalten.

Es waren vergnügte Wochen, und als erfahrene Dompteurin gelang es mir, die wilde Bande im Zaum zu halten. Ich lernte tatsächlich noch viel Neues über Waffen und machte die beruhigende Erfahrung, dass keineswegs nur meine Söhne toben wie ein Herbsthurrikan.

Ihren Thriller haben die wilden Jungs übrigens stolz, sehr ordentlich und sauber in ihre Geschichtenhefte geschrieben.

Im letzten Jahr habe ich den gleichen Schreibkurs noch einmal an einer anderen Grundschule angeboten. Es meldeten sich ausschließlich Mädchen an. Wir schrieben eine wunderbare Ponyhof-Geschichte, in der die Mädchen darauf achteten, dass niemand verletzt, zurückgelassen, vernachlässigt oder enttäuscht wurde. Die Geschlechterschubladen passen eben manchmal. Aber ich werde künftig besser achtgeben, damit mir meine Vorurteile nicht auf die Füße fallen.

Gerade neulich ist es mir dennoch wieder passiert:

Ich war mit meiner Freundin Sabine in einer Tapasbar. Während ich genussvoll an den Pimientos knabberte, fragte ich sie: »Wie kommst du eigentlich mit dieser Schweigsamkeit der Jungs klar?« So als wäre das Schweigen der Männer eine unumstößliche Tatsache.

Sie schaute mich mitfühlend an. »Gar nicht. Theo erzählt mir jeden Abend alles über seinen Tag und was ihn gerade bewegt. Und mein Mann kommentiert eigentlich auch jeden Schritt vom Aufwachen bis zum Schlafengehen.«

Da ist mir klar geworden: Ich brauche mehr Umdenk-Trainingseinheiten, als mir bewusst ist.

Warum nur? Wenn ich alle Verstandeslampen anknipse und über das Thema nachdenke, dann möchte ich natürlich, dass jeder Mensch sich so zeigen darf, wie er eben ist. Dann frage ich mich: Warum sollte ein Mann, der Röcke trägt, weniger männlich sein als eine Hosen bevorzugende Frau weiblich? Trotzdem gebe ich zu, dass ich spontan vermutlich eher verwundert wäre über den Mann im Rock als über die Frau in Hosen. In Schottland hingegen tragen Männer ganz selbstverständlich ihren Schottenrock.

Ähnlich ist es doch auch mit der Farbwahl. Lange Zeit war Rosa die Farbe der Jungs. Das »kleine Rot« galt als Zeichen der Männlichkeit, Blau hingegen war die Farbe für Mädchen. Normbilder entstehen durch Denkgewohnheiten.

Da lohnt sich auch ein Blick in die Kindheit: Als ich die erste oder zweite Klasse besuchte, trugen die Mädchen auf dem Schulweg für bessere Sichtbarkeit im Straßenverkehr orange Kopftücher, die Jungs orange Pudelmützen. Obwohl auch ich mich unter einer Pudelmütze wohler gefühlt hätte, kam ich nicht einmal auf die Idee, an dieser Aufteilung zu zweifeln. Denn Bücher wie *Anton will Prinzessin sein* gab es noch nicht in unserem Kinderleben. Dabei waren meine Eltern kleidungstechnisch schon ziemlich aufgeschlossen. Ich trug Lederhosen und Jeans zum Spielen und wurde nur beim Großmutterbesuch in ein Matrosenkleid und Lackschühchen gestopft. Als meine Schwester allerdings ihre Leidenschaft fürs Hockeyspielen entdeckte, meldeten meine Eltern sie kurze Zeit später wieder ab. Hockeyverletzungen an Mädchenbeinen waren für sie ein No-Go. Und bei der Berufswahl wurden meine Begabungen und Fähigkeiten ignoriert, und ich wurde von der Mädchenrolle ziemlich platt gewalzt: Handwerkslehre, Ingenieurstudium oder Pilotin wurde mir weder von der Gesellschaft noch von meinen Eltern als Berufsmöglichkeit präsentiert.

Zehren wir davon bis heute? Immerhin ist nur jeder zwanzigste Pilot eine Frau. Unsere Prägungen steuern uns anscheinend oft unbewusst über Jahrzehnte. Damit sind Veränderungen und Umdenken zähflüssige Prozesse. Ich meine, in den USA essen noch viele Menschen mit der rechten Hand, während die andere unter dem Tisch bleibt, obwohl diese längst nicht mehr für das Halten eines Colts notwendig ist.

Ich glaube, dass meine Söhne Spaß hatten und sich wohlfühlten in ihrer Jungswelt. Glück gehabt! Denn es ist keineswegs normal, sondern ein großes Privileg, mit einem Geschlecht geboren worden zu sein, mit dem man sich auch rundherum wohlfühlt, und eine Rolle zu leben, die zu einem passt und die gesellschaftlichen Erwartungen quasi kritiklos erfüllt.

Der Film *The Danish Girl* hat mich letztens sehr berührt. Er erzählt die wahre Geschichte von Gerda und Einar Wegener, einem Künstlerehepaar, und spielt in den Jahren 1920 bis 1931. Als eines Tages Gerdas Modell Ulla nicht erscheinen kann, bittet Gerda ihren Mann, anstelle von Ulla in ihren Seidenstrümpfen, Schuhen und ihrem Kleid zu posieren. Einar fühlt sich überraschenderweise wohl in der Rolle als Frau. Immer öfter möchte er sie auch in der Öffentlichkeit leben. Natürlich bringt diese Entwicklung viele Konflikte in die Ehe, und Gerda leidet darunter, ihren geliebten Mann als Partner zu verlieren. Erhalten bleibt dabei dennoch ihre Liebe zu dem Menschen Einar, dem sie bis hin zu seiner geschlechtsangleichenden Operation beisteht, an der er leider stirbt.

Ob Junge oder Mädchen – Menschen sind verschieden und sollen es auch sein dürfen! Jungs sollten selbstverständlich Rosa tragen dürfen, Nagellack und Netzstrumpfhosen oder was immer ihnen Freude macht. Sie sollen leise sein dürfen, sensibel, nah am Wasser gebaut. Und ebenso sollten Mädchen nicht zum Lieb- und Bravsein gezwungen werden. Sie sollten Fußball und Rugby spielen dürfen, ohne als Mannweiber betitelt zu werden, und die Berufswelt sollte ihnen in alle Richtungen und zu gleichen Bedingungen offenstehen wie den Männern. Kein Mensch sollte unter dem Druck leiden, ständig dem Bild und Klischee des »echten Mannes« oder der »wahren Frau«, das von der Gesellschaft vermittelt wird, entsprechen zu müssen, um angenommen und geliebt zu werden. Ich versuche immer öfter, bewusst dazu beizutragen.

Als wir neulich in meinem Seniorenschreibkurs über das Thema Gendern sprachen, erzählte eine Teilnehmerin voller Scham: »Ich bin in Südafrika aufgewachsen und fand es normal, ja, selbstverständlich, dass schwarze Menschen für Hausarbeit und Kinderbetreuung zuständig waren und uns bedienten. Wir Kinder kannten es damals einfach nicht anders, haben es nicht infrage gestellt. Ist das nicht furchtbar? Das klingt doch heute geradezu verrückt, oder?« Dass es inzwischen verrückt klingt, dazu haben viele Menschen beigetragen, die sich nicht vom Gestern das Heute diktieren lassen wollten. Darum möchte ich mir immer wieder bewusst machen, welche Muster mich steuern, und mir angucken, ob ich das will. Und dann stelle ich mir vor, dass meine Söhne später ihren staunenden Kindern von den heutigen Diskussionen über Gleichberechtigung und Gendersternchen berichten. Von einer Zeit, als man noch für das Leben mit individueller Sexualität kämpfen musste.

Ja, anfangs haben Gendersternchen mich beim Lesen verwundert, manchmal auch genervt. Heute empfinde ich sie als den Beginn einer wunderbaren und wichtigen Bewegung: Sie machen die Vielfalt von uns Menschen sichtbar und tragen hoffentlich dazu bei, diese leichter und offen leben zu können.

Und was halten meine Jungs vom Gendern? Ich habe mich mit Sohn Nummer zwei darüber unterhalten. Was er mir sagte: Beim Sprechen und Schreiben ist das Gendern schon noch ungewohnt, manchmal mühsam. Aber mit der Genderbewegung, mit Gleichberechtigung, der menschlichen Vielfalt und Diversität setzt er sich sehr auseinander – mit viel Verständnis für Homosexualität, anders orientierte Menschen und überhaupt mit einer großen Offenheit.

Und darüber freue ich mich sehr. Denn auch, wenn im Moment einiges in Bewegung ist im Kampf um gleiche Rechte auf der Welt, gibt es da noch viel Luft nach oben. Seine Worte machen mir Mut, und ich hoffe, dass viele Menschen dieser Generation die Aufgabe und das Thema Vielfalt ganz selbstverständlich in ihr Leben integrieren.

9

»Gib Mami ein Küsschen, Schnurzelhase!« – Mütter: peinlich, peinlicher, am peinlichsten

»Du bist sooo peinlich!« Gibt es eine Mutter, die diesen Satz noch nicht gehört hat? Es braucht ein ziemlich dickes Fell, um die ständige Kritik auszuhalten. Aber wir tun es für einen guten Zweck: Denn die Abgrenzung ist wichtig für die gesunde Entwicklung unserer Kinder. Und wir müssen dafür ja auch nicht gleich in jedes Fettnäpfchen trampeln.

Kürzlich traf ich mich wieder einmal mit meiner geliebten Freundinnengruppe zum Essen. Als wir gerade die Nudelteller abräumten, kam der Teenager von Babette fröhlich in der Küche vorbei, um zu schauen, ob wir eine Portion Bolognese für ihn übrig gelassen hatten. Babette nahm ihren Sohn liebevoll in den Arm, deutete in die Runde und sagte: »Schau mal, Schatz, all diese Frauen kennen dich schon, seit du mit nacktem Pöschi ins Planschbecken gesprungen bist.« Ich verzichte darauf, seinen Gesichtsausdruck an dieser Stelle zu beschreiben.

Beim anschließenden Kaffee haben wir Freundinnen noch

einmal ziemlich gelacht über diesen Zwischenfall. Und dann erzählte jede von uns spontan von ihren schlimmsten Mutterauftritten, die unseren Jugendlichen die Schamesröte ins Gesicht getrieben hatten.

Dabei muss ich zugeben: Zum Lachen sind diese Geschichten häufig nur rückblickend. Die schroffen Zurückweisungen, die auf unbedachte Äußerungen seitens der Mütter folgen, treffen uns manchmal ebenso unerwartet und hart wie Softair-Kugeln, die unerlaubterweise durch die Wohnung fliegen. Und es ist nicht immer leicht, sie wegzustecken. Die Hochzeit der »Du-bist-so-peinlich«-Phase beginnt meist mit der einsetzenden Pubertät. Aber die ersten Vorboten zeigen sich schon viel früher. Bei uns war das so um die Grundschulzeit. Wie jeden Morgen begleitete ich meinen Jüngsten, der damals die zweite Klasse besuchte, auf seinem Schulweg. Unser immer gleiches Ritual: Hand in Hand Straße entlangschlendern, Umarmung vor dem Schultor und ein »Tschüss bis heute Mittag« sagen. Fühlte sich wunderbar an.

Bis er mich eines Tages an der letzten Kreuzung, gut zweihundert Meter vor der Schule, abrupt ausbremste: »Können wir uns bitte schon hier verabschieden, Mami? Und bitte auch ohne Kuss und Umarmung? Wenn das jemand sieht, ist das nämlich superpeinlich.«

»Na klar«, sagte ich betont locker. »Dann bis später, und hab einen schönen Tag.« Obwohl ich ähnliche Situationen schon mit meinen älteren Söhnen erlebt hatte, war er wieder da, dieser kleine Stich ins Herz. Ab jetzt würden wir uns immer weiter voneinander lösen.

Ich wusste, dass die »Küssen-ist-peinlich-Phase« nur eine weitere Stufe auf dem Weg zum Großwerden ist. Ich hätte sie eigentlich entspannt wegatmen können, nach dem Motto: »Nimm es nicht persönlich, es hat nichts mit dir zu tun. Die Liebe bleibt, egal ob wir uns öffentlich herzen oder nicht.« Aber so einfach ist es im echten Leben dann eben doch nicht. Und es wäre vermutlich auch alles halb so schlimm gewesen, wenn nicht gleichzeitig mein Teenager seine »Mami-ist superpeinlich-Phase« intensiv ausgelebt hätte. Ich hatte das Gefühl, Sohn Nummer eins würde sich am liebsten ganztägig unter Perücken und Spiegelbrillen verstecken, um auf keinen Fall mit mir zusammen erkannt zu werden.

Zum Glück war und bin ich damit nicht allein. Vor einer Weile rief Babs mich fassungslos an.

»Da spiele ich an meinem heiligen Ausschlafsonntag die Chauffeurin, und dieses Kind verbietet mir den Mund«, fauchte sie wütend in den Hörer.

Was war passiert? Babs hatte sich als Fahrdienst für drei Jungs der Hockeymannschaft zu einem Spiel nach Lübeck angeboten. Kurz bevor es losging, sagte ihr vierzehnjähriger Sohn: »Könntest du bitte während der Fahrt kein Wort mit uns sprechen? Keine Fragen stellen, nichts erzählen, bitte einfach nur still sein und fahren?«

Da hatte es Babs dann tatsächlich die Sprache verschlagen.

»Die Jugendlichen brauchen diesen Prozess zum Heranwachsen, sie müssen sich abgrenzen, beweisen, dass sie anders sind als wir«, tröstete ich Babs mit meinem Verstandeswissen. Aber ob Liebeskummer, Diättipps oder eben Kindererziehung: Kluge Ratschläge lassen sich wesentlich einfacher erteilen, wenn man gefühlsmäßig gerade nicht selbst betroffen ist. Ein paar Wochen später haute ein ähnlicher Spruch auch mich um. Nachdem ich es jahrelang zwischen Familie,

Kindern und Job einfach nicht geschafft hatte, ein Amt in der Schule zu übernehmen, hatte ich mir endlich Zeit dafür freigeschaufelt und mich als Kantinenmutter gemeldet. So wollte ich ein deutliches Zeichen setzen: Sohn, ich möchte aktiv an deinem Leben teilnehmen. Außerdem stellte ich es mir spannend vor, ihn und seine Mitschüler in den Pausen zu erleben. Ich freute mich. Bis mein Sohn sich etwas verlegen an mich wandte: »Mami, wenn du morgen diesen Dienst machst und ich mit meinen Freunden an die Klappe komme, könntest du dann vielleicht so tun, als ob du mich nicht kennst?« Irgendwas in mir starb einen kleinen, qualvollen Tod. An meine Antwort kann ich mich nicht mehr erinnern, aber nachdem Ersatz gefunden war, quittierte ich zwei Wochen später den Dienst.

Manchmal brauchen wir Mütter schon eine dicke Haut, oder? Unsere Kinder aber auch: Da wollen sie cool sein, unabhängig, lässig, endlich groß. Und dann kommen wir, verteilen arglos Küsse und sagen Sätze wie: »Hast du auch an dein Pausenbrot gedacht?« Oder nennen sie bei ihren Spitznamen aus Babytagen. Dann wehren sie sich. Und meinen es in den allerseltensten Fällen so böse, wie es sich anhört.

Aber die gute Nachricht: Irgendwann ist eben auch diese Phase vorbei. Monatelang schaute ich mit meinem Jüngsten die Serie *Suits*. In einer Folge gibt es eine Szene, in der die Kanzleisekretärin ins Zimmer kommt, während ein erwachsener Mann liebevoll mit seiner Mutter telefoniert. Sie neckt ihn dafür ein wenig. Ich weiß nicht mehr genau, wie er es formulierte. Sinngemäß konterte er gelassen irgendetwas in der Art wie: »Ich bin über dreißig, erwachsen, ich bin cool, und deshalb kann ich zu meiner Mutter stehen und ihr auch sagen, wie gern ich mit ihr spreche.« Das ist dann sozusagen die Kür am Ende der Entwicklung: erwachsen, selbstsicher und gelassen ganz bei sich zu sein – egal ob die Mutter zum längst volljährigen Sohn noch immer »mein Schnurzelhase« sagt, das Tragen warmer Unterwäsche abfragt oder anderweitige Tipps gibt.

Aber ich gebe zu, dass das selbst bei »Kindern« in der zweiten Lebenshälfte nicht immer funktioniert mit der Gelassenheit. Zumindest was mich betrifft. Ich erinnere mich da an einen besonderen Nachmittag. Mit meinen Jungs besuchte ich die Großmutter zum Kaffeetrinken in ihrer Senioreneinrichtung. Während wir den leckeren Kuchen verdrückten, sprach sie wie immer ohne Punkt und Komma, viele der Geschichten kannten wir längst. Allerdings nicht diese: »Ich habe neulich in der S-Bahn etwas Tolles erlebt«, begann sie. Wir hatten gar nicht gewusst, dass meine Mutter noch mit der Bahn durch Hamburg tourte. Aber bevor wir nachfragen konnten, fuhr sie fort: »Man liest ja immer so viele schreckliche Geschichten in der Zeitung über Kriminalität und Ausländer und überhaupt. Also auf jeden Fall: Da saß mir von Othmarschen bis zum Jungfernstieg ein sehr freundlicher Ausländer gegenüber. Er erzählte mir von seiner Familie und dass er Türke sei. Da habe ich die Gelegenheit ergriffen und ihn gefragt, ob es stimmt, dass alle Türken ein Messer in der Tasche hätten und ob er vielleicht auch gerade eines dabeihätte.«

Vor Entsetzen fiel mir die Kuchengabel aus der Hand, während meine Jungs einen Lachanfall kriegten. In solchen Momenten habe ich, Tochterliebe hin oder her, einfach nur das dringende Bedürfnis, mich abzugrenzen – auch noch Jahrzehnte nach der Pubertät.

Nach Erlebnissen dieser Art würde ich sagen: Auf der Peinlichkeitsskala rangiere ich doch eher im angenehmen Mittelfeld. Aber vielleicht kann ich meine Peinlichkeit noch weiter reduzieren? Ich entschloss mich, dazu einen Fachmann zu befragen. »Was ist dir eigentlich an mir am peinlichsten?«, hakte ich bei Sohn Nummer drei nach, während ich eine Kürbissuppe für uns kochte. »Dein Pulli!«, antwortete er spontan. »Bitte zieh den niemals an, wenn wir Besuch haben oder gemeinsam auf die Straße gehen.«

Aus einer Laune heraus hatte ich mir ein Sweatshirt mit der Aufschrift »I'm only talking to my dog today« gekauft, das ich gern anzog, wenn ich mit meinem Hund morgens loslief. Was war so schlimm daran? Aber bitte, ich hatte es ja wissen wollen. Also weiter im Text.

»Und sonst?«

»Also ziemlich peinlich ist es auch, wenn du manchmal so Ausdrücke aus unserer Jugendsprache benutzt.« Er druckste herum, weil er mich nicht verletzen wollte.

Tat ich das wirklich? Vielleicht unbewusst? Ojeee! Eigentlich hatte ich gelernt und verstanden, dass für Heranwachsende die eigene spezielle Sprache genauso wichtig ist wie der Kleidungsstil. Viele Eltern denken, es wäre besonders cool, sich wie ihre Kinder zu kleiden, sich betont jugendlich zu geben, aber genau das Gegenteil ist der Fall. Es ist den Kindern nicht nur extrem peinlich, sondern es erschwert ihnen auch die so wichtige Abgrenzung. Noch in der Küche schwor ich ihm und mir selbst, dass ich in Zukunft extrem darauf achten würde, Jugendsprache zu vermeiden. Und ich fand auch wirklich, dass mein eigener Sprachstil besser klang als etwa:

»Klar Digga, das kann doch safe nicht so schwer sein, ich bin
ja weder ein Dulli noch ehrenlos.«

Wenn ich so für mich in der Erinnerungskiste krame und
nach Peinlichkeiten suche, fallen mir noch einige Situationen
ein, in denen meine Jungs sich oder vielleicht doch eher
mich am liebsten weggebeamt hätten. Etwa, wenn ich vergnügt und ohne nachzudenken vor ihren Freunden peinli-
che Situationen aus Kindertagen erzählte, beim Mittagessen
nach dem aktuellen Schwarm fragte, mit Keksen ins Zimmer
platzte, wenn bei den bereits pubertierenden Jungs Freunde
oder gar die Freundin zu Besuch waren. Oder, oh, mein Gott!
Als ich beim Klamottenkaufen laut durch den Vorhang rief:
Und, mein Spatz, sitzt die Hose auch gut an deinen kräftigen
Oberschenkeln? Am liebsten unter den Sitz gekrochen wären
meine Jungs auch eine Zeit lang, wenn ich im Auto zu Oldies
laut mitsang.

Ich glaube, jede Mutter tritt in ihre eigenen Fettnäpfchen,
und sosehr wir uns auch bemühen, nicht peinlich zu sein, es
gehört zum Muttersein dazu wie das Sich-Sorgen-Machen.
Aber wie der Küchentalk mit meinem Sohn mir zeigte, tut es
gut und schafft eine besondere Nähe, darüber zu sprechen, zu
hinterfragen, was sich warum peinlich anfühlt, um das Gegenüber ein wenig mehr zu verstehen.

Ich habe aus Spaß auch die Suchmaschinen zum Tragen von
Motto-Pullis bei Müttern befragt und natürlich nichts dazu
gefunden, dass es der Entwicklung von Kindern schade. Also,
mein Hundepulli gehört jetzt einfach mal auf die Liste meiner
individuellen Bedürfnisse. Und nach einem Tag unter Jungs

habe ich manchmal einfach das Riesenbedürfnis, nur mit meinem Hund zu kommunizieren.

Der lässt sich nämlich gern öffentlich knuddeln, mit Kosenamen überschütten und findet mich 24/7 hübsch, großartig und niemals peinlich.

An dieser Stelle der Vollständigkeit halber: Ich werde immer wieder gefragt, warum ich mir zu den vier Jungs noch einen männlichen Hund gekauft habe. Ich will es verraten. Ich hatte damals vor der Anschaffung recherchiert und gelesen, dass Rüden sich stark aufs Frauchen fokussieren, für Hündinnen hingegen steht immer der Nachwuchs an erster Stelle. Aus diesem Grund binden sie sich niemals so eng an Herrchen oder Frauchen. Sofort fühlte ich mich eng verbunden mit allen Hündinnen dieser Welt. Dennoch wählte ich, ganz egoistisch und in dem Wunsch, an erster Stelle zu stehen, einen Rüden. Und Carlo himmelt mich jeden Morgen an, als wäre die Göttin in Gestalt seines Frauchens vor seinem Korb gelandet.

10

Was, wenn Schutzengel mal Pause machen? – über das Leben in ständiger Alarmbereitschaft ·

Wie lebe ich als Mutter mit der Angst, dass meine Söhne die Treppenfahrt mit dem Bobbycar, die Hyperstrahlattacke, den Klippensprung ins Wasser oder die Nächte auf der Reeperbahn nicht überleben könnten? Wie kann ich meine wilden Kerle behüten, ohne sie auszubremsen oder meine Ängste auf sie zu übertragen?

In einer kleinen Cessna flogen wir bei strahlendem Sonnenschein über Hamburg. Was für eine Aussicht, was für ein unbeschreibliches Vogelfrei-Glücksgefühl! Wir kreisten gerade über der Elbe, als die Stimme von Sohn Nummer eins über das Headset ertönte: »Guckt mal alle her! Ich springe heute ohne Fallschirm – direkt ins Wasser.«

Er schnallte sich ab, riss die Tür des Flugzeugs auf und …
»NEIIIIIN!« Ich erwachte von meinem eigenen Schrei.

Offenbar verarbeitete ich im Traum die aktuellen Vorkommnisse: Mein Ältester hatte sich vor Kurzem mit einem Freund ein »Actionerlebnis der Extraklasse« gegönnt und sich aus viertausend Metern aus einem Flugzeug gestürzt. Natürlich mit Fallschirm, natürlich mit Lehrer per Tandemsprung.

Aber nachts gerät das überreizte Gluckengehirn schon mal außer Kontrolle.

Kurz davor hatte die Sorge um Sohn Nummer zwei mir kostbaren Schlaf geraubt. Er verbrachte die letzten Wochen seines Auslandsjahrs in Südafrika und schrieb begeistert, dass er nun auf dem Weg zur Bloukrans Bridge sei, der höchsten Bungee-Jumping-Brücke der Welt, um sich aus über zweihundert Meter Höhe an einem Gummiseil kopfüber in die Tiefe zu stürzen.

Es war keine gute Idee gewesen, die Brücke zu googeln. Die Bilder und Filme auf YouTube ließen mich nicht zur Ruhe kommen. Nächtelang visualisierte ich reißende Bänder, sah meinen Sohn gegen den Brückenpfeiler schlagen. Wozu machen Jungs so etwas? Warum suchen meine Söhne ständig den Adrenalin-Thrill?

Als der liebe Gott Risikofreude und Abenteuerbereitschaft verteilt hat, haben meine Jungs für meinen Geschmack einmal zu viel »Hier!« geschrien. Und nach über zwanzig Jahren in ständiger Alarmbereitschaft waren die Sprünge aus Flugzeugen und von Brücken die Ereignisse, die meine Belastungsgrenze endgültig überschritten. Ich versuche wegzugucken, wenn sie Fotos von ihren Sprüngen posten, und wegzuhören, wenn sie sich über neue Wahnsinnsideen austauschen. Dabei sehne ich mich nach Zeiten zurück, in denen ihre Abenteuer sich darauf beschränkten, im Dunkeln durch den Garten zu schleichen, mit einem Bobbycar Steintreppen hinunterzurasen oder mit Laserschwertern zu kämpfen …

Würde mich jemand bitten, meine Sorgen näher zu erklären, hier ein Versuch. Viele Kinder starten auf ihrem Lebensweg zunächst, sagen wir mal, in einem soliden VW-Golf. Sie erkunden, so wie sie es in der Fahrschule gelernt haben, vorsichtig die Straßenverhältnisse, sammeln Erfahrungen, lernen mit Witterungsverhältnissen umzugehen. Mir hingegen erscheint es, als hätten meine Söhne in einer heimlichen Absprache beschlossen, sich ohne Führerschein direkt mit einem Ferrari und zweihundertachtzig Stundenkilometern in die Kurve zu schmeißen.

Um bei diesem Bild zu bleiben: Manchmal fühlte ich mich zwischen meinen vier Wilden wie die Fahrerin des Medical-Cars bei der Formel 1. Das Fahrzeug hält sich stets im Hintergrund dicht an der Strecke auf, um schnellstmöglich Hilfe zu leisten, sollte einer der Piloten aus der Bahn fliegen.

Aber bei vier Jungs ist es ein hoffnungsloses Unterfangen, immer zum richtigen Zeitpunkt am richtigen Ort zu sein.

Außerdem müsste ich mich dafür nicht nur zerreißen können, sondern auch hellseherische Fähigkeiten haben. Habe ich aber nicht!

So befand ich mich am falschen Ende des Rodelhangs, als Sohn Nummer zwei in Bauchlage und mit Affengeschwindigkeit den Berg runterschoss. Mit dem Gesicht vorweg krachte er in das einzige Schild, das dort stand: »Rasen betreten verboten!«

Ebenfalls hat es etwas gedauert, bis ich vom Hockey-Spielfeldrand aus erkannte, dass das Gesicht unter dem Blut zu meinem Sohn gehören musste. Er hatte soeben einen Schläger an den Kopf bekommen.

Als Sohn Nummer eins, kaum dass wir unser Ferienhotel erreicht hatten, mit dem Gokart gegen das Tiefgaragentor krachte und sich den Fuß brach, packte ich gerade vergnügt unsere Koffer aus.

Und wie kann es sein, dass ein Fünfjähriger, der eben noch harmlos Bälle für unseren Hund durch den Garten geworfen hat, plötzlich in vier Meter Höhe in der Baumkrone sitzt? »Guck mal, ich kann klettern wie Superman.« (Ich hatte mir nur kurz einen Kaffee aus der Küche geholt!)

Es klingt womöglich sehr seltsam, aber ich gebe zu, dass ich damals nicht unglücklich war über die eine oder andere Kinderkrankheit. Wenn sich die Jungs, niedergestreckt vom Fieber, schläfrig an mich kuschelten, friedlich auf dem Sofa schlummerten und Disney-Filme guckten, statt Kamikaze-Aktionen auszuhecken.

Aber auch diese Zeit war irgendwann plötzlich vorbei. Die Jungs wurden flügge, machten Bars und Clubs unsicher und die Nacht zum Tag. Und die Reeperbahn bot jede Menge Potenzial für neue Schreckensbilder. Jedes Wochenende spulte ich das gleiche Warnprogramm ab: »Ich will euch nicht den Spaß verderben, aber achtet darauf, was ihr trinkt, bitte keine Alkopops, stellt sicher, dass niemand euch etwas in den Drink schüttet, bleibt immer in Gruppen zusammen, haltet euch von Straßenschlägereien fern, bringt euch gegenseitig nach Hause, fahrt nicht allein S-Bahn, nehmt lieber gemeinsam ein Taxi. Lasst immer euer Handy an. Und wenn irgendetwas passiert: Ruft mich an! Ich komme sofort!« Und so weiter und so fort.

Kaum waren sie aus der Tür, sausten wie bei einem Daumenkino Schreckensbilder durch mein Hirn. Ich sah sie in Messerstechereien oder ausgeraubt nach der Gabe von K. o.-Tropfen im Gebüsch liegen oder betrunken auf Parkbänken erfrieren.

Ständig schaute ich auf mein Handy, lauschte jedem Martinshorn, immer in Angst, dass es an der Haustür klingeln könnte und zwei Polizeibeamte den Satz sagen würden, den wir aus Tausenden Krimis kennen: »Sind Sie die Mutter von …? Wir müssen Ihnen leider mitteilen …« Einschlafen konnte ich erst, wenn sich zur vereinbarten Zeit endlich der Schlüssel im Schloss der Eingangstür herumdrehte und sie nach Hause kamen.

Ich hörte häufig von Mädchenmüttern: »Du hast es gut. Du brauchst dir keine Sorgen zu machen als Jungsmutter. Aber was Mädchen alles zustoßen kann …« Die Wahrheit ist, dass auch Jungs gefährdet sind. Die Verwundbarkeit junger Männer ist vielen nicht bewusst. Statistiken zufolge erleben weitaus mehr Frauen als Männer sexuelle Gewalt. Daher ist die Sorge, Jungs könnten hierbei zu Opfern werden, sicher geringer. Aber sie sind anderen Gefahren ausgesetzt. Sie geraten viel leichter in Schlägereien in Bars oder Clubs, in Messerstechereien oder sind Opfer von Überfällen in U-Bahnhöfen. Dazu kommt die höhere Risikobereitschaft: Sprünge von Klippen ins Meer, S-Bahn-Surfen, Graffiti direkt neben den Bahngleisen sprühen … Mein Kopfkino jedenfalls lief nachts auf Hochtouren.

Sind solche Ängste normal, oder bin ich schon ein wenig psycho? Geht es anderen Müttern ähnlich? Und woher kommen die Ängste und Sorgen überhaupt?

Die Natur hat es geschickt so eingefädelt, dass nach der Geburt jede Menge des Wunder-Wohlfühlhormons Oxytocin durch unseren Körper galoppiert. Entsprechend kümmern wir Mütter uns im Normalfall voller Fürsorge um das Neugeborene.

Es gab da Versuche mit Mäusen: Während Mäusemütter sich sofort kümmerten, ignorierten die jungfräulichen Nager die Rufe von Jungtieren oder fraßen sie sogar auf. Spritzte man diesen Kannibalen jedoch Oxytocin, verhielten sie sich innerhalb weniger Stunden wie die Mütter.

Wofür ist das gut? Unsere Sorge um Kinder sichert zunächst, mal ganz pragmatisch gesehen, das Überleben des Nachwuchses. Kinder von ängstlichen Müttern bleiben gesünder, ein absoluter Vorteil in der Evolution. Aber vor hundertfünfzig Jahren starben dennoch fünfundzwanzig Prozent der Kinder vor ihrem vierten Geburtstag.

Heute liegt diese Rate hierzulande glücklicherweise bei 0,04 Prozent. Trotzdem sind wir täglich voller Sorge und versuchen unseren Nachwuchs zu schützen, wo immer es geht: Wir schnallen Kinder im Auto an, wir sichern sie mit Schwimmflügeln im Planschbecken, setzen ihnen Helme zum Fahrradfahren auf. Die Liste könnte man um viele Punkte ergänzen, und diese Vorsichtsmaßnahmen sind sinnvoll, empfehlenswert und heute für die meisten von uns selbstverständlich. Aber mit der Angst ist es so wie mit vielen anderen Dingen im Leben. Es kommt auf die Dosis an. Ich esse zum Beispiel gern Süßigkeiten, am liebsten Schokolade oder Gummibärchen. Eine Handvoll beziehungsweise ein Riegel ist dabei völlig in Ordnung und keineswegs gesundheitsschädlich. Die Glückswirkung von Schokolade ist schon längst kein Geheimnis mehr und steigert das Wohlbefinden. Ein Übermaß an Zucker kann allerdings süchtig machen und Krankheiten verursachen.

Was also, wenn wir, was die Angst angeht, das Gefühl für das richtige Maß verlieren, vor lauter Sorgen überhaupt nicht mehr zur Ruhe kommen, ständig ein unterschwelliges Panik-gefühl mit uns herumtragen und unsere Kinder am liebsten unter einer Glocke aufwachsen lassen möchten? Allein mit dem Rad zur Schule oder zum Sport fahren? Auf Bäume klettern oder gar ein Baumhaus bauen? Viel zu gefährlich.

Ein großer Angstanfacher sind sicher die täglichen Nach-richten, auf die wir über zig Medien Zugriff haben: Kinder verschwinden auf dem Weg zur Schule, erleiden Gewalt, fallen aus Fenstern, werden überfahren oder von Kampfhunden auf dem Spielplatz zerfleischt. Dazu werden die vielen Berichte häufig durch gut informierte Mütter ergänzt:»Ich habe ge-hört, dass ein Kind an einem Keks erstickt ist, beim Sturz von der Schaukel schwere Verletzungen erlitten hat, beim Spielen im Garten beinahe in einer Pfütze ertrunken ist …«

All das sind schreckliche Unfälle, die schwer von der Mut-ter-Festplatte zu löschen sind. Wer Augen und Ohren offen hält, kann sein Angstarchiv täglich mit neuen Horrorbildern aufstocken. Ich erinnere mich bis heute an eine Geschichte, die im Kindergarten die Runde machte: Beim Rutschen sollte ein Junge sich mit den Bändern seines Kapuzenpullovers stranguliert haben. Kaum zu Hause, habe ich damals sofort alle Bänder aus Pullis und Jacken meiner Söhne entfernt.

Natürlich ist es grundsätzlich hilfreich, wenn Mütter sich gegenseitig über mögliche Gefahren austauschen, um dann mit gesunder Vorsicht abwägen zu können, was zu tun ist. Aber der Grat zwischen angemessener Vorsicht und überstei-gerter Angst ist oft schmal. Ich weiß es leider aus Erfahrung: Panik verselbstständigt sich so leicht, und das Gefühl für Wahrscheinlichkeit geht verloren.

Es gibt Mütter, die ihr Kind bis ins Schulalter die Treppe

hinauf- und wieder runtertragen, um es vor Stürzen zu schützen, die es nur unter Aufsicht spielen lassen, das Klettern verbieten et cetera. In jeder Minute des Tages sehen sie Gefahren lauern und versuchen, für Kinder ganz normale Alltagssituationen zu meiden. Natürlich schadet es nicht, Bänder aus Kapuzen zu entfernen. Aber müssten wir dann, die Idee zu Ende gedacht, nicht auch Autos und Fahrräder abschaffen? Müssten wir nicht Schwimmbäder schließen, Haartrockner aus dem Bad entfernen und Küchenböden mit Schaumstoff polstern, um das Leben unserer Kinder zu sichern?

Ich denke, die übersteigerte Angst um Kinder ist gut mit Flugangst, Aviophobie, zu vergleichen. Schon vor der Flugreise malen sich Betroffene aus, was alles schiefgehen könnte. Geschieht dann irgendwo auf der Welt ein Flugzeugunglück, bestätigt das die Befürchtungen. Das Flugzeug aber gilt als sicherstes Verkehrsmittel überhaupt. Menschen mit Flugangst richten ihren Focus jedoch ausschließlich auf die negativen Ausnahmen.

Ich jedenfalls bekenne mich absolut zu einer Kinderverlust- und Verletzungsphobie – zumindest phasenweise. Als meine Jungs das Alter erreicht hatten, um allein ins Freibad zu gehen, fiel es mir anfangs sehr schwer, sie ziehen zu lassen, obwohl sie sichere Schwimmer waren. Meine Mutterseele wünschte sich Schwimmflügel, am besten festgetackert am Oberarm, bis zur Volljährigkeit. Und als mein Ältester viele Jahre später anfing zu boxen und ich während eines Kampfes mitansehen musste, dass er einen Schlag nach dem anderen auf Nase und Lippen erhielt, die bereits bluteten, wäre ich fast in den Ring gesprungen, um ihn zu retten.

Wie schräg ist das?! Sind es nicht rückblickend gerade die prickelnden Momente zwischen Abenteuer, Freiheit und Gefahr, an die wir uns unser Leben lang erinnern? Nie habe ich es vergessen, dieses irrsinnige Kribbeln im Bauch, als wir als Mutprobe vom Garagendach sprangen oder als ich mich nachts aus meinem Schlafzimmer abseilte, um eine Party zu besuchen. Und diese Momente gab es bei mir keinesfalls nur in der Jugend. Als ich vor ein paar Jahren, bereits über fünfzig, gemeinsam mit einem meiner Söhne den Tauchschein machte, starb ich zunächst fast vor Angst. Und gerade vor ein paar Monaten, im Sommerurlaub mit meinem Jüngsten, überredete er mich sowohl zum Canyoning als auch zum Zip-line-Abenteuer. Ich seilte mich schreckgeplagt von Felsen ab und raste an einer Seilrutsche in schwindelerregender Höhe durch den Dschungel. Und genoss es ganz plötzlich, dieses berauschende Gefühl von Abenteuer und Lebendigkeit, das sich einstellt, wenn man etwas gewagt hat, das außerhalb der Komfortzone liegt. Dieser kurze Eindruck von: »Ich kann doch einiges mehr, als ich denke.« Manchmal fängt das Leben hinter der Angst erst so richtig an, ich sollte meine Söhne also eigentlich verstehen.

Wir Mütter kämpfen aber nicht nur mit Angst um unseren Nachwuchs, sondern auch mit Schuldgefühlen. Wir wollen das Beste für unser Kind und rügen oder schimpfen uns selbst, wenn wir versagen. Ob ein wunder Po (Ich habe nicht rechtzeitig die Windel gewechselt!), nächtliche Unruhe in der Stillzeit (Meine Milch ist nicht reichhaltig genug!), der Sturz mit dem Dreirad, ein eingeklemmter Finger, Bauchweh oder ein Fahrradunfall (Ich hätte besser aufpassen müssen!) – über

allem schwebt der Anspruch: Du, als Mutter, hättest das verhindern müssen! Eine gesunde Portion Selbstkritik und Verantwortung sorgt dafür, dass wir achtsam sind und anderen
Menschen kein Leid zufügen. Zu viel davon nützt nieman-
dem etwas. Eine Mutter, die sich grämt, den Windelpo nicht
gut genug gepflegt zu haben, strahlt die Laune auch aus und
ist womöglich nicht offen für andere Signale, die der kleine
Mensch ihr sendet.

Aber Schuldgefühle sind so mächtig, oder? Während ich
einmal für eine Reisereportage in Frankreich war, fiel Sohn
Nummer zwei von einem Baum. Er hatte versucht, für seinen
kleinen Bruder einen Papierflieger aus den Ästen zu befreien.
Sein schon recht stattliches Gewicht hatte er wohl unter-
schätzt, der Ast war gebrochen, und er war vor den Augen
des Bruders vier Meter in die Tiefe gestürzt. Nachbarn hatten
einen Krankenwagen gerufen, und mein Sohn war allein (!)
ins Krankenhaus gefahren, denn die Kinderfrau, die mich
vertrat, musste bei den Kleinen bleiben. Immerhin konnte
sie den Vater im Büro informieren, der dann wenige Minuten
nach dem Krankenwagen die Notaufnahme erreichte.

Ein Schock für mich. Und obwohl ich bereits wusste, dass
alles relativ glimpflich ausgegangen war – er hatte sich »nur«
den Arm gebrochen –, dachte ich tagelang: Er hätte sich das
Genick brechen können, er hätte tot sein können, ich war
nicht bei ihm, konnte ihn nicht ins Krankenhaus begleiten,
den kleinen Bruder nicht trösten. Vielleicht hätte ich den Unfall verhindern können, wenn ich zu Hause gewesen wäre …

Als ich meiner Freundin Babs von meinen Gedanken erzählte, schaute sie mich mit gespielter Bewunderung an. Dann
sagte sie: »Wow! Du glaubst also, dass dein Sohn nicht vom

Baum gefallen wäre, wenn du in der Nähe gewesen wärst? Weil du die Fähigkeit besitzt, Ereignisse vorauszusehen und die Macht hast, alle Gefahren abzuwenden?« Bevor ich über ihre Frage nachdenken konnte, fuhr sie lachend fort: »Wenn du meinst, über solche allmächtigen Kräfte zu verfügen, hättest du dann nicht auch die Erderwärmung stoppen können?«

Das ist natürlich total übertrieben. Aber was Babs ausdrücken wollte: Schuld kann zermürbend sein und führt zu nichts. Sie ist genauso wenig hilfreich, wie zu denken, dass wir unsere Kinder vor allem schützen können. Es passieren immer wieder traurige Unfälle. Natürlich können wir diese nicht verhindern. Aber der Wunsch, für das Kind da zu sein, ist sicher so selbstverständlich wie lebenslang.

Erst da begriff ich auch mit dem Herzen: Eltern sind nicht für *alles* verantwortlich. Denn ob wir wollen oder nicht, das Leben birgt Risiken, vor denen wir unsere Kinder nicht werden schützen können.

Ganz im Gegenteil nehmen wir ihnen durch unsere Überfürsorge und Angst die Chance, eigene Erfahrungen zu machen, um sich vernünftig durch das Leben zu bewegen.

Das Üben gehört dabei zum Lernprozess und ist manchmal sogar lebenswichtig. So etwa können Kinder, die keine Chance bekommen zu lernen, wie man sich auf viel befahrenen Straßen mit dem Rad verhält, leichter in Gefahr geraten als geübte Verkehrsteilnehmer.

Neulich beim Hundespaziergang an der Elbe erzählte mir meine Freundin Isabelle: »Als ich vielleicht fünf Jahre alt war, bin ich auf einen Baum geklettert. Vorsichtig, geschickt – stolz. Als mein Vater mich entdeckte, kam er angerannt, schrie aufgeregt: ›Bleib, wo du bist. Papa rettet dich.‹ Vor Schreck bin ich sofort vom Baum gefallen. Zum Glück ist nichts passiert. Danach bin ich jahrelang nicht mehr geklettert. Nicht nur, weil mein Vater es nicht wollte, sondern auch, weil ich das Zutrauen verloren hatte.« Für den Vater bestätigte sich jedenfalls seine Angst – ein echter Teufelskreis.

»In dem Teufelskreis der Angst spielt auch die eigene Vergangenheit eine große Rolle«, erklärte mir Familientherapeutin Gundula Göbel im Gespräch für dieses Buch. »Welche Erfahrungen habe ich als Kind gemacht? Bin ich selbst mit überängstlichen Eltern aufgewachsen? Wenn ich nicht reflektiere, was die Ursache meiner Angst ist, kann es passieren, dass ich sie ungefiltert an meine Kinder weitergebe. Das kann über Generationen so weitergehen. Das Gleiche gilt für vieles, das uns eingetrichtert wurde.«

Als Beispiele nennt Gundula Göbel Sätze wie »Im Dunkeln darfst du nicht raus, da kommen die Mitschnacker« oder »Übermut tut selten gut«. Das seien »Spaßbremsen, die jeglicher Logik entbehrten«. »Aber«, ergänzt sie, »auch Fehlgeburten, Verletzungen und Todesfälle können dafür sorgen, dass unsere Verlustängste stärker werden.«

Davon erzählte mir Sabine. Ihre Schwester war an plötzlichem Kindstod gestorben. »Meine Eltern haben ihre Verlustangst voll auf mich projiziert«, erinnert sie sich. »Alle Abenteuer, die Kinder erleben wollen, waren für mich gestrichen. Hinter jeder Ecke lauerte in den Augen meiner Eltern Gefahr. Schlittschuhlaufen, Rollerblades, Skateboard- oder Einradfahren – alles zu gefährlich. Als ich zu einem Schwimmbadgeburtstag eingeladen war, kam meine Mutter mit, unter dem Vorwand, der anderen Mutter helfen zu wollen, und ließ mich keine Sekunde aus den Augen.«

Und obwohl Sabine furchtbar genervt war von der ständigen Überwachung, sich von Sorgen und Verboten total eingeschränkt fühlte, war sie über die Jahre von dem Angstvirus der Mutter derart infiziert, dass sie, als sie selbst Mutter wurde, in die gleiche Angstspirale geriet. Zwar reflektierte Sabine die Ursache ihrer Ängste, und doch gelang es ihr nur mithilfe eines Psychologen, Stück für Stück aus dem Sorgenkarussell auszusteigen, das eigene Erleben von dem der Mutter und ihrer Kindheit zu trennen und einen Teil der Ängste auf einer anderen Ebene zu bearbeiten. Ein wichtiger Prozess. Für die persönliche Lebensqualität, vor allem aber für die der Kinder.

Gundula Göbel erzählte mir dazu: »Kinder wollen etwas schaffen, sich ausprobieren, die eigenen Grenzen kennenlernen. Sie sind stolz auf Fortschritte und Erfolge in allen Bereichen. Wenn Eltern durch übersteigerte Sorge diese Entwicklung bremsen, kann sich Motivation in Unsicherheit und Lustlosigkeit wandeln. Wie soll ein Kind Treppengehen lernen, wenn es nicht üben darf?«

Im Fall von Isabelle etwa, so Gundula Göbel, wäre es viel besser gewesen, wenn ihr Vater ruhig und mit Vertrauen gesagt hätte: »Toll, wie geschickt du da hochgeklettert bist. Nun komm mal langsam und vorsichtig wieder runter.« Und dann hätte er unter dem Baum die Arme zum Schutz ausbreiten können.

Der allgemeine Tipp der Expertin: Eltern sollten ihren Kindern vernünftig und ohne Angst vermitteln: Wo muss ich aufpassen, welche Gefahren könnte es geben, wie verhalte ich mich in dieser und jener Situation?

Ich gestehe: Darin übe ich mich noch immer.

Okay, das mit dem Klettern und dem Straßenverkehr haben wir gut hingekriegt. Aber was ist mit Tandemsprüngen oder Köppern von zehn Meter hohen Klippen? Nach einem Urlaub mit ihrem Vater schwärmten meine Jungs eines Tages: »Das Tollste waren die Klippen in der nächsten Bucht. Da haben wir uns jeden Tag zum Springen getroffen – Wahnsinn!«

»Wo war Papi?«, fragte ich alarmiert. »War das erlaubt? Gab es eine Aufsicht? Habt ihr die Tiefe des Wassers geprüft und geschaut, ob unsichtbare, lebensgefährliche Felsen unter der Wasseroberfläche sind?« Meine Jungs verstummten genervt unter meinem Fragenbombardement.

Ich wache übrigens über *alle* Familienmitglieder. Eines Tages vertilgte Carlo, unsere vierbeinige Fressmaschine, heimlich eine ganze Packung Celebrations – eine bunte Mischung von Süßigkeiten, viele davon mit Schokolade, die lebensgefährlich für Hunde sein kann. Ich rief die Tierärztin an. Gemeinsam addierten wir die vertilgte Schokoladenmenge und berechneten, wie viel ein Hund in Carlos Größe verträgt, ohne Schaden zu nehmen. Das Ergebnis: Es war zu viel. Eine halbe Stunde später erreichte ich die Tierarztpraxis. Carlo erhielt ein Brechmittel, ich hielt ihm beim mühsamen Herauswürgen seiner süßen Beute liebevoll die Schüssel, und die Tierärztin kontrollierte, ob nun genügend Schokolade den Körper verlassen hatte.

In meiner Angst um die Jungs beim Ausgehen versuchte ich es ähnlich zu handhaben. Ich googelte Jugendliche und Alkohol. Beim Lesen der Suchmaschinenergebnisse erhielt ich interessante Fakten: Schon bei 0,5 Promille kann ein Kind bewusstlos werden. Häufig fehlt das typische rauschhafte Anfangsstadium, vielmehr kann das Kind schlagartig in tiefe Betäubung fallen. Bereits kleine Mengen können Gehirn- und Körperentwicklungsschäden verursachen.

Zwar waren meine Söhne keine Kinder, sondern zumindest schon Teenager, als sie anfingen, Alkohol zu testen, trotzdem blieb die Sorge. Ich kannte in etwa das Körpergewicht der Jungs, aber die Unbekannte in der Gleichung lautete: Wie viele Drinks mit wie viel Promille schütteten sie sich hinter die Binde? Schnell merkte ich, dass ich die Alkoholsorge rein rechnerisch nicht würde lösen können – so wie Carlos Schokoladenexzess. Ich musste lernen, auf Vertrauen zu zählen.

Carlo kann ich überwiegend kontrollieren, aber die Leine, an der meine Jungs sich durchs Leben bewegen, wird jedes Jahr länger. Und irgendwann knipsen sie selbstständig den Karabiner ab.

Vielleicht kann es ja auch erleichternd sein, wenn man nicht mehr alles hautnah mitbekommt, was täglich passiert. Vor allem, wenn man Kinder wie meine hat, mit einem Spürsinn für Adrenalinabenteuer wie mein Jagdhund für Leckerlis in der Lebensmitteltüte.

Neulich schickte mir mein Ältester per WhatsApp ein Foto. Ich erkannte einen Menschen, der wie Spiderman in schwindelerregender Höhe an einer Hauswand hing. Darunter nur die kurze Nachricht: »Guck mal, gleich bin ich dran.«

Seitdem weiß ich, dass man in Hamburg »House Running« buchen kann: Angeseilt an eine Spezialkonstruktion, läuft man dabei aus sechzig Meter Höhe die Hauswand eines Hotels hinunter.

Kurz zuckte ich zusammen. Dann erinnerte ich mich: Auf vier einatmen, auf sechs ausatmen, loslassen! Dann gelang es mir tatsächlich zu schreiben: »Viel Spaß!«

Das Leben mit meinen Jungs könnte man als eine erfolgreiche Langzeit-Verhaltenstherapie bezeichnen. Durch sich ständig wiederholende Konfrontationen mit Angstsituationen lerne ich, mich langsam daran zu gewöhnen. Und mehr und mehr lerne ich zu vertrauen.

Ich vertraue darauf, dass es mir gelungen ist, bei meinen Söhnen einen Sinn für Gefahr und gesunde Vorsicht zu wecken, ihnen Selbstvertrauen und Stärke zu vermitteln, ein gutes Werkzeug, um heil durchs Leben zu kommen.

Und ich selbst? Vertraue ich immer auf die Söhne, das Leben? Nein, da gibt es schon Rückfälle. Neulich donnerte ein Orkan über Norddeutschland, und die Empfehlung lautete: »Gefahr durch umstürzende Bäume, fliegende Dachziegel ... Bleiben Sie zu Hause.« Eingemummelt in meine warme Wolldecke, lauschte ich dem Unwetter. Dann traf mich unangekündigt ein Angstblitz. »Seid ihr alle zu Hause?«, schrieb ich in den Familienchat.

Sohn Nummer drei und vier bestätigten das sofort, Nummer zwei war offline. Dreimal rief ich an, bis er mich endlich »liebevoll« begrüßte: »Ich bin bei Freunden, wir spielen Karten, du nervst!«

»Das Nerven gehört leider zur Mutter-Jobbeschreibung«, textete ich gleich nach unserem Dreißig-Sekunden-Gespräch.

Seine Antwort: »Hab dich lieb!«

Dann meldete sich Nummer eins: »Habe unter einem Baum Schutz gesucht. Aber der knarrt und kracht gerade ganz schön …« Sofort schnellte mein Puls in die Höhe. Dann schickte er eine weitere Nachricht mit einem Smiley: »Spaß! Bin zu Hause!«

Meine Söhne haben sich an meine Sorgen gewöhnt. Ab und zu machen sie sich liebevoll lustig darüber, oder sie demonstrieren anschaulich, was sie von mir gelernt haben: Als ich mich verabschieden wollte, um mich mit ein paar Freundinnen zum Essen zu treffen, bauten sich Sohn Nummer drei und vier nebeneinander mit verschränkten Armen vor mir auf.

»Wohin gehst du? Und wann kommst du in etwa wieder nach Hause?«, fragte Nummer drei in einem mir sehr vertrauten Ton. Und dann fuhren sie abwechselnd und sich gegenseitig steigernd fort:

»Okay. Also, wir wollen dir auf keinen Fall den Spaß verderben …«

»Wir freuen uns ja, dass du etwas Schönes vorhast, aber: Wer sind diese Freunde? Wohnen sie hier auch in der Gegend?«

»Und sag mal, so was wie Komatrinken, das machst du doch nicht mit deinen Freundinnen, oder?«

»Wir haben ja nix dagegen, dass du mal feiern gehst, aber denk daran: Immer zu zweit nach Hause gehen. Hast du auch dein Handy geladen? Du weißt ja, du kannst uns jederzeit anrufen, wir legen das Handy neben das Bett und holen dich ab.«

»Stopp!«, rief ich und nahm sie lachend zum Abschied in die Arme. Eins war klar: Ich brauchte mir künftig keine Sorgen mehr zu machen. Ihr Ausgeh-ABC hatten sie gründlich gelernt.

Achselfurzen, Pupsen, Nationalhymne rülpsen – oder: Was läuft da falsch?

*Vom Umgang mit besonderen männlichen Ausdrucks-
formen und von der überraschenden Erkenntnis, dass
aus Jungs, die virtuos ihre Körperöffnungen sprechen
lassen und zwischen Chipstüten und Wäschebergen leben,
Männer mit wunderbaren Umgangsformen werden.*

Ein Schwarz-weiß-Filmausschnitt auf YouTube: In Frack und
Fliege steht Joseph Pujol auf einer Bühne, beugt sich vorn-
über und pupst die Marseillaise melodisch in einen riesigen
Grammofon-Lautsprecher, der hinter ihm aufgebaut ist. Wir
befinden uns im Jahr 1892 – im Moulin Rouge in Paris.
Was entnehme ich daraus? Hemmungsloses Furzen war
offenbar nicht immer gesellschaftlich verpönt. Damals im
Moulin Rouge jedenfalls rümpften die Damen keineswegs
empört die Nasen. Ganz im Gegenteil: Wenn Joseph Pujol,
bekannt unter dem Künstlernamen »Le Pétomane«, auf der
Bühne Kerzen per Pups löschte und Kinderlieder, Tierstim-
men oder Kanonenschüsse mit dem Ende seines Verdauungs-
trakts vortrug, lachten die Damen hemmungslos. So hemmungslos, dass sie oftmals sogar in Ohnmacht fielen – aus
Luftnot in den eng geschnürten Korsetts. Und der Furzkünst-

ler konnte nicht nur melodisch Winde ablassen, sondern auch mit einer besonderen Technik aufsaugen.

Pujol war nicht bloß in Paris bekannt. Prinz Edward und Sigmund Freud reisten sogar aus dem Ausland an, um seine Show zu erleben. Es würde mich brennend interessieren, ob und wenn ja, welche tiefenpsychologischen Erkenntnisse Letzterer aus der Pups-Performance zog.

Andere Zeiten, andere Sitten, könnte man hoffen. Aber rund einhundertzwanzig Jahre später furzt Mister Methane, der sich selbst den weltbesten Kunstfurzer nennt, in einer Live-Performance vor dem begeisterten Publikum den Donauwalzer. Und auf TikTok werden seine Furzkonzerte millionenfach aufgerufen!

Ich bin sicher: Von Pujol oder Mister Methane haben meine Jungs noch nie gehört. Wer weiß, vielleicht hätte sie das zu weiteren Übungseinheiten inspiriert. Wie die Söhne einer Freundin. Die machten sich eine Zeit lang einen Spaß daraus, sich gegenseitig den Zeigefinger hinzuhalten mit der Aufforderung: »Zieh mal!« Und dann furzten sie, sobald der Bruder zog.

Ein Funken Furztalent steckt offensichtlich in den Genen vieler Jungs, ebenso wie das Wissen um den Unterhaltungswert von deftigen Körpergeräuschen. Und im Gegensatz zum dänischen Monarchen Christian IX., der vor mehr als einhundertdreißig Jahren für einen privaten Auftritt des Darmwindkünstlers ein Vermögen hinlegte, erhielt ich verschiedenste Geräusche in Privat-Performances regelmäßig und ganz kostenlos. Vielleicht glaubten meine Jungs auch Jahre, nachdem sie selbstständig essen konnten, dass sie der Mama mit einem ordentlichen Bäuerchen eine Freude machten.

Beim Austausch zu diesem Thema erfuhr ich: Um die Wette zu rülpsen, sich gegenseitig anzupupsen oder anderweitige Körpergeräusche zu erzeugen, gehört offenbar für viele Jungs zum Aufwachsen wie das Matschen in der Sandkiste. Und es wird auch mit ähnlicher Leidenschaft betrieben. Gewonnen hat zum Beispiel, wer den lautesten und stinkigsten Pups produzieren kann. Oder wer das Alphabet fehlerfrei durchrülpst.

Obwohl der weibliche Körper ebenfalls aus Fleisch, Knochen, Blut besteht und bei uns die gleichen physiologischen Prozesse ablaufen, glaube ich, dass weltweit neunzig Prozent aller Pupse von männlichen Wesen produziert werden. Warum ist das so? Warum sprechen viele Jungs ungeniert und vergnügt über Körperausscheidungen jeglicher Art, lassen lachend Pupse in die Jeans krachen, während die meisten Mädchen und Frauen sich lieber krümmen vor Bauchschmerzen, als auch nur ein Molekül eines querliegenden Lüftchens zu entlassen?

Woher rührt das Vergnügen am Wettpupsen? Wieso ist es auch bei der hundertsten Wiederholung noch lustig? Ich habe die Jungs zig Mal gefragt und bekam zig Mal dieselbe unbefriedigende Antwort: »Das verstehst du sowieso nicht!«

Ja, ich frage mich: Warum eigentlich verstehe ich das nicht? Bin ich das Produkt jahrzehntelanger verklemmter Erziehung, oder fehlt mir das Furz-Gen?

Jedenfalls habe ich noch nie mit einer Freundin einträchtig gefurzt, frei nach dem Motto: »Alles, was keine Miete zahlt, muss raus.« Mit einem High Five auf einen fetten Prosecco-Rülpser eingeschlagen habe ich auch noch nie. Zudem fehlt mir die verbindende Erfahrung, gemeinsam zu versuchen, einen besonders stinkenden Furz anzuzünden.

Für den Jungsexperten Dr. Winter ist das kein Wunder. Für ihn gehören Pupsen und Co. genauso wie handfestes Gerangel und verbale Kämpfe zur Kategorie »typisch männliches Wetteifern«.

Aber vielleicht sind Furzen und Rülpsen auch eine Art Geheimsprache, die weibliche Wesen ganz bewusst ausschließen soll? Und zwar nicht nur im Kindergarten und auf dem Pausenhof, sondern auch in der Pubertät? Ich glaube, dass Mädchen, die in dieser Disziplin mit Jungs mithalten wollen, schneller die Attraktivitätsskala hinuntersausen, als ein Pups in der Hose landet.

»Bei Mädchen ist das nicht lustig«, klärte mich mein jüngster Sohn auf. Als ich fragte, warum, zuckte er nur mit den Schultern.

Eine Freundin, mit der ich über dieses Thema sprach, befragte dazu ihren Sohn, siebzehn. »Mama«, meinte der nur, »ein Mädchen, das sich so verhält wie wir, die will Kumpel sein und auf keinen Fall was mit einem von uns anfangen. So behandeln wir sie dann auch. Das hat nichts mit Attraktivität zu tun, echt nicht.«

Interessant.

Übrigens: Als es damals Missklänge zwischen Pujol und dem Management gab, weil der Darmwindkünstler gegen seinen Vertrag verstieß und außerhalb des Moulin Rouge privat auftrat, setzte man ihn auf die Straße und stellte, um die Fans zu besänftigen, eine Ersatzattraktion auf die Bühne: »La Pétomane«, die Angèle Thiebeau hieß und zu Klavierbegleitung pupsend über die Bühne tanzte. Doch Thiebeau erntete mit ihrer Nummer heftige Kritik.

Vermutlich dachte das Publikum damals ähnlich wie meine

und viele andere Jungs und Männer heute: Mädchen tun so etwas nicht!

Vielleicht bin ich ja gar nicht so ungeheuer verklemmt, dass ich bis heute keinen Spaß an Körpergeräuschen empfinden kann, sondern eher auf Attraktivität bedacht. Oder kulturell vorbelastet? In China beispielsweise ist Schmatzen, Schlürfen und das Pulen von Essensresten aus den Zähnen erlaubt. Das Rülpsen ist sogar ein willkommenes Zeichen dafür, dass das Essen geschmeckt hat. So besehen hätte ich mich wohl eher als Meisterköchin geehrt fühlen sollen, statt meine Söhne im Kindergarten- und Grundschulalter wegen eines Bäuerchens nach der Mahlzeit zur Räson zu rufen. Ich wachte über die Einhaltung von gewissen Essmanieren wie ein Schäferhund über seine Herde. »Nicht aufstützen, Ellbogen vom Tisch, das Messer gehört in die rechte Hand ...« Und dann rutschte mir eines Abends, so verzweifelt wie genervt, heraus: »Du isst wie eine Wildsau!« Natürlich hätte ich mir das besser verkniffen, aber manchmal sind die Gefühle und der Mund schneller als der Verstand, der sagt: Ich möchte immer respektvoll mit meinen Lieben reden.

Nun ja, die Strafe für meinen Ausrutscher folgte fast auf dem Fuße: Als eine Woche später die Großmutter zu Besuch kam und in Gedanken versunken eine kleine Tomate aus dem Salat mit den Fingern in den Mund steckte, kreischte Sohn Nummer vier vergnügt: »Guckt mal alle her! Oma isst wie eine Wildsau ...«

Letztlich ist es so: Wie viele Familien haben wir einen eigenen Familienhumor, den gleichen Sinn für Situationskomik, können uns über dieselben Witze amüsieren. Zumindest so lange, bis die Sprüche in die Fäkal-, Geruchs- oder Ekelecke abrutschen. Früher haben meine Jungs und ich mit großem Vergnügen *Gregs Tagebuch* geschaut. Da gibt es eine Szene, in der Rodrick sich an seinen kleinen Bruder Greg heranschleicht und neben dessen Gesicht Flugbewegungen mit dem Oberarm macht, um seinen Achselgeruch zu verteilen. Stolz kommentiert er das mit den Worten: »Drei Tage nicht geduscht!«

Welches Mädchen wäre stolz darauf, nach altem Schweiß zu riechen? Meine Jungs hingegen waren so fasziniert von dieser Szene, dass sie sie dutzendmal nachspielten und sich gegenseitig lachend mit ihren unterschiedlich intensiven Körpergerüchen überfielen.

Muss das so sein? Natürlich bleiben Pups- und Rülpswettbewerbe, Körpergeräusche aller Art und deftige Gespräche über Ausscheidungen Geschmackssache. Ich für meinen Teil empfinde sie generell weder als amüsant noch als Bereicherung der Kommunikationsmöglichkeiten noch irrsinnig sexy. Aber sollte es zum fröhlichen Aufwachsen dazugehören – dann bitte auch für Mädchen. Und wer weiß: Vielleicht würden hier schon die Weichen gestellt für Gleichberechtigung. Ein Mädchen, das früh gelernt hat, kräftig zurückzurülpsen, statt beschämt lächelnd wegzuschauen, hat es unter Umständen leichter, die Ellbogen auszufahren und die Karriereleiter zu erklimmen. Das wäre doch mal eine interessante Feldforschung.

Was würde passieren, wenn wir Mütter unsere Mädchen dazu animieren würden, mit den Jungs mitzuhalten beim Wettrülpsen?

Und dann überkam mich eines Tages eine bislang unbekannte Lust, und ich bekam eine Ahnung davon, was die Faszination an Körpergeräuschkreationen ausmacht. Ich machte mit meinen Jungs einen Wochenend-Radausflug in die Lüneburger Heide. Wir packten unsere Rucksäcke mit dem Nötigsten und fuhren vergnügt und ohne Plan und Ziel durch die herrliche Heidelandschaft. Als wir auf einer Waldlichtung für ein Picknick hielten, hörte ich mich plötzlich sagen: »Könnt ihr eigentlich die Melodie vom *Weißen Hai* pupsen?«

Sohn Nummer eins und zwei schauten mich ungläubig an. Zur Erinnerung summte ich den beiden die Melodie vor. Dann ging es los. Die Brüder wetteiferten darin, den richtigen Ton zu treffen, und amüsierten sich prächtig über ihre missglückten Versuche, und auch ich bog mich vor Lachen.

»Versuch du es doch auch mal, Mami«, forderte Sohn Nummer eins mich auf. Ich zögerte einen Moment. Zum Pupsen konnte ich mich nicht überwinden, aber ich griff zur Wasserflasche, nahm einen großen Schluck und gurgelte unter den begeisterten Blicken sehr treffend den Soundtrack. Und hier, mitten im Wald, fühlte es sich an wie eine heimliche Verschwörung – wunderbar. Und dazu noch lustig und befreiend. Als Erkenntnis konnte ich mitnehmen: Es gibt perfekte Momente und auch Orte für die Rülps- und Pupsfreiheit aller Geschlechter.

Früher, wenn es bei Tisch »musikalisch« wurde, fragte ich mich manchmal, ob ich vielleicht in der Erziehung versagt hatte. Aber rundum hörte ich gleichzeitig: »Was für wohlerzogene Jungs du hast! So hilfsbereit. Bei Tisch benehmen sie sich erstklassig. Und was für beeindruckende Gespräche man mit ihnen führen kann.«

Eine Frage, die *mich* schon seit Längerem herausforderte und irgendwie in diese Gedankenreihe gehörte, war übrigens folgende: Warum thematisieren Jungs so häufig ihre Geschlechtsteile? Sprechen von dicken Eiern, davon, dass ihnen was auf den Sack geht, oder kringeln sich vor Vergnügen über abgelutschte Eierwitze.

Eine Dauerbrennerantwort am Frühstückstisch auf meine Frage »Möchtet ihr gekochte Eier oder lieber Rührei?« lautete etwa: »Danke, Mami, ich habe schon zwei, aber der Lauch hier ist über jedes Ei froh. Der könnte dringend welche gebrauchen …«

Und dann ging es los: »Du hast doch selbst keine Eier, ich mach aus dir gleich Rührei …«

Kaum zu glauben, dass uralte, millionenfach wiederholte Eierwitze bis in die aufgeklärte, genderkorrekte Zeit nicht nur überlebt haben, sondern auch immer wieder Vergnügen hervorrufen, als hätte »Mann« sie gerade neu erfunden. Ich habe überlegt, einmal einen Versuch zu starten. Sobald meine engste Freundin an unserem Tisch sitzt, würde ich mit ihr fröhlich und ausführlich über Größe und Schönheit unserer Vulven sprechen. Ich wette, dass meine Söhne vor Scham unter den Tisch fallen würden. Aber vielleicht würde das ja die Absurdität ihrer Geschlechtsteilgespräche veranschaulichen.

Und eine ganz andere Frage, die an dieser Stelle in meinem Kopf aufploppt: Warum sind männliche Geschlechtsorgane offensichtlich gesellschaftsfähig und weibliche nicht? Obwohl, da scheint es gerade eine Revolution zu geben. In dem Artikel »Viva la Vulva!« von Heike Kleen las ich über die weiblichen Geschlechtsteile: »Über Jahrtausende wurden sie versteckt und mit Scham verbunden. Nun werden sie auf Gedeih und

Verderb befreit und finden sich auf Cupcakes, Handtaschen und in Musikvideos wieder. Die Vulva … wird zum neuen It-Piece.« Danach zu urteilen, wäre ein Vulva-Gespräch unter Freundinnen voll im Trend.

Aber zurück zu den Jungs und ihrem Unterleib. Von Dr. Winter bekam ich endlich eine für mich überraschende Antwort: »Penis und Hoden sind körperliche Männlichkeitsmarker. Immer wenn ich so ein Wort verwende, sage ich: ›Hey, ich bin männlich!‹ Das sind Hinweise auf eine innere Unsicherheit mit dem eigenen Männlichen. Im Aufklärungsunterricht steht der weibliche Körper im Vordergrund. An seinem Beispiel wird über Fortpflanzung und Verhütung gesprochen. Der männliche Urogenitalbereich dagegen wird kaum behandelt.« Das heißt, Jungs erfahren im Sexualkundeunterricht meist wenig darüber, wie sie mit ihrem Körper und der sich entwickelnden Sexualität umgehen sollen. »Erektionen im falschen Moment, Selbstbefriedigung, wie genau Geschlechtsverkehr funktioniert – es bleiben viele Fragen für pubertierende Jungs offen.«

Fragen, die sie dann auch in Witzeleien thematisieren, die nicht mütterfrei sind?

»Ja«, sagt Dr. Winter, »um auf diese Weise ihre Unsicherheit zu überspielen und vielleicht auch nebenbei etwas von anderen Jungs zu erfahren. Wenn Jungs sicherer werden mit dem eigenen Männlichen, lässt das meist schnell nach.«

Ups. Also ist es wie so oft: Bevor wir Eltern etwas an unseren Kindern kritisieren, sollten wir mal erforschen, ob es vielleicht einen guten Grund für ihr Verhalten gibt.

12

Allein unter Wilden oder:
»Mütter sind wie Butterberge«

Muss ich ins Bootcamp und den Mann in mir entdecken, um Jungs zu verstehen und sie zu glücklichen Männern zu erziehen? Oder hilft vielleicht ein Praktikum im Zoo? Was wir von Elefantenkühen lernen können und warum es auch als Jungsmutter gut ist, einfach Frau zu bleiben.

Neulich googelte ich Erziehungsanleitungs-Anleitungen + Jungsmütter. Ob mir ein Tippfehler passiert war oder ich intuitiv gehandelt hatte? Keine Ahnung. Auf jeden Fall landete ich plötzlich bei YouTube. Ich nahm es als Wink des Schicksals und sah mir das Video »Erziehung des jungen Elefantenbullen« an. Darin zu sehen: eine »genervte« Elefantenmutter, die ihren aufmüpfigen Sprössling energisch rückwärts durch das Gehege schiebt. Als ihr dickköpfiger Sohn noch immer nicht folgen will, rollt sie in einer beeindruckenden Geste den Rüssel auf und tickt dominant gegen seine Stirn, sodass er umgehend einknickt und vor ihr in die Knie geht. Danach zuckeln die beiden einträchtig davon. In knapp sechzig Sekunden zeigt die Elefantenmutter, wie Erziehung funktionieren kann. Zumindest im Zoo. Wow! Aber leider nichts für Menschenmütter, die gewaltfrei erziehen wollen.

Ich schaffe es in derselben Zeitspanne nicht einmal, meine Gedanken zu sortieren, tief durchzuatmen und Kraft für die verbale Auseinandersetzung zu sammeln.

Ich finde, Mutter von vier Kindern zu sein, ist schon mal per se eine echte Aufgabe. Handelt es sich dabei ausschließlich um männlichen Nachwuchs, verdoppelt sich, meinen nicht repräsentativen Umfragen nach, die gefühlte Kinderanzahl. Bei mir kommt erschwerend hinzu: Mir fehlt der männliche Part an meiner Seite, zumindest was die Erziehung betrifft. Ein Partner, der in bestimmten Situationen als Übersetzer tätig wird, mir erklärt, wie Jungs ticken.

Was gäbe ich für die Autorität der Elefantenkuh und ihre Dickhäuter-Souveränität. Vielleicht wären auch ein paar mehr männliche Hormone nicht schlecht gewesen. Wenn das denn geholfen hätte oder helfen würde. Oder woran liegt es sonst, dass meine Jungs selten auf die Idee gekommen sind, nachzufragen, zu verhandeln oder auch zu widersprechen, wenn ihr Papi sagte: »Nein, jetzt ist Schluss!«

Und warum gingen und gehen bei mir beim selben Satz die Diskussionen erst richtig los? Muss ich ein Praktikum im Zoo machen oder ins Bootcamp, um den Mann in mir zu entdecken, um mich durchzusetzen?

Warum haben Väter es oft so viel leichter als Mütter mit dem Durchsetzen ihrer Wünsche bei Jungs?

Liegt es an den Glaubenssätzen rund um die Männlichkeit, die trotz aller Genderdiskussionen an unserem Gesellschaftsbild und eben auch an unseren Kindern haften wie Sekundenkleber am Finger? Zum Beispiel: Ein Mann muss stark sein. Egal ob wir uns zu Hause enthusiastisch bemühen, dagegen anzuarbeiten, und ein anderes Ideal vorleben. Dieses Bild zieht sich subtil durch Medien, Werbung, Schule, Politik. Und was macht es aus den Jungs? Sie lernen früh, dass es nicht nur wichtig ist, stark zu sein, sondern auch stärker als andere.

Sicher gibt es Ausnahmen. Allerdings nicht bei uns zu Hause. Meine Jungs haben Superman oder Tarzan als Vorbild angehimmelt. Und mich mit Fragen genervt wie: »Wer ist stärker Mami, Papi oder ein Feuerwehrmann? Papi oder ein Polizist? Papi oder …« Während ich mich fragte, warum ich nicht vorkam im Kräftesystem und nach einer passenden pädagogischen Antwort suchte, sinnierte mein Sohn: »Also Papi kann unsere Altpapiertonne mit einer Hand hochheben, zwei Fahrräder gleichzeitig tragen, mich durch die Luft wirbeln und den Rasenmäher reparieren.«

Mir war zwar nicht klar, wie jetzt die Rasenmäher-Reparaturfähigkeit in die Reihe passte, wohl aber, dass sich meine Muskeln nicht im Blickfeld meines Sohnes befanden.

Mein Handicap: Ich bin nicht stärker als ein Polizist oder eine tonnenschwere Elefantenkuh. Blöd gelaufen. Und im Gegensatz zu Elefantenbullen, die erst mit zwanzig Jahren ausgewachsen sind, überragten meine Jungs mich bereits im frühen Teenageralter. Es fühlt sich verdammt albern an, sich mit gerade mal ein Meter sechzig vor dem zwei Köpfe größeren Sohn aufzubauen, den Blick gen Himmel zu richten und drohend den Zeigefinger zu wirbeln: »Du verlässt erst das Haus, wenn dein Zimmer aufgeräumt ist.« Da mussten wir beide grinsen. Also was tun?

Meine Erfahrung ist: Jungs wollen das Kräftemessen eben auch mit den Eltern, wenn gerade mal kein Ritter oder Cowboy greifbar ist.

Gott sei Dank bin ich nicht die einzige Mutter, die Mühe hat, im täglichen »Mal-gucken,-wer-stärker-ist« ihre Führungsrolle zu behaupten. Und glücklicherweise gab es einen lebhaften Austausch unter uns Jungsmüttern über die verschiedenen Maßnahmen in Versuchsreihen. Hier meine Hitliste (diese Aktionen haben alle stattgefunden, aber nicht nur unter den Freundinnen, die ich schon oft erwähnt habe. Zur Wahrung der Persönlichkeitsrechte sind die Namen also frei erfunden):

- Platz 1 (Inka): Sie warf ihren Sohn bei Bedarf auf den Boden und setzte sich einfach drauf. Coole Aktion – allerdings nur für Mütter, die ihren Nachwuchs überragen und zumindest etwa in der gleichen Gewichtsklasse rangieren oder Kampfkünste wie Judo beherrschen.
- Platz 2 (Natalie): Weil die Söhne drohten, vollends der Spielsucht zu verfallen und keine Zock-Zeiten einhielten, riss sie eines Abends vor den Augen der entsetzten Söhne die Playstation aus der Wandhalterung und schmetterte sie auf den Boden.
- Platz 3 (Verena)): Als die Kinder ihre wiederholten Beschwerden und Bitten ignorierten und Verena das Gefühl hatte, gegen eine Wand zu reden, schleuderte sie, vermeintlich im Affekt, eine Flasche mit voller Wucht durchs Wohnzimmer. Ein staunenswertes Bravourstück, mit dem sie die Aufmerksamkeit der Kinder schlagartig zurückhatte. In Wahrheit war der Auftritt geplant: Denn zur Sicherheit der Kinder durfte es nur eine halb gefüllte Plastikflasche sein, und um klebrige Böden zu vermeiden, sollte es sich um Wasser und nicht um Cola oder Brause handeln.

Allesamt beeindruckende Ausnahmeaktionen so verzweifelter wie mutiger Mütter. Und mit ebenso beeindruckender Wirkung – allerdings meist nur vorübergehend …

Bei mir hingegen statt fliegender Flaschen Endlosdiskussionen. Und am Ende lief und läuft es bei uns wie im Elefantengehege – nur verkehrt herum: Ich knicke ein. Meist begleitet von Kommentaren wie: »Aber nur dieses eine Mal noch.« Oder: »Das ist wirklich eine Ausnahme.« Und so weiter.

»Warum klappt es bei dir mit den Anweisungen? Und was mache ich verkehrt?«, fragte ich eines Tages meinen damaligen Mann. Seine spontane Antwort: »Mütter sind manchmal wie Butterberge! Und die Jungs wissen genau, wie sie dich zum Schmelzen bringen können – und nutzen es schamlos aus.«

Erwischt! Wenn es um meine Söhne geht, befinde ich mich, wie schon angedeutet, in einer Dauer-Gluckenverblendung. Und dafür mache ich unbestritten Zugeständnisse in alle Richtungen. Ein flehender Blick, begleitet von Liebesgesäusel und ständig neuen Kosenamen wie »Meine süße kleine Mutschka«, »bestes Mamilein«, »Lieblingsmutti« bringt meinen inneren Butterberg in Sekunden zum Schmelzen. Mit ihm zergehen auch sämtliche felsenfesten Vorsätze, diesmal hart zu bleiben. Also räume ich die Sportsachen in die Waschmaschine oder leine den Hund an und gehe selbst mit ihm in den Park.

Aber trotz alledem platzt mir dann doch regelmäßig im Alltag der Kragen. Nicht nur wegen der Essmanieren. Auch die Unordnung unterm Reihenhausdach nervt mich regelmäßig. An einem Sonntagmorgen beispielsweise war ich früh aufgestanden und wollte den Hund ausführen, während meine Familie selig weiterschlief. Was war die Belohnung?

Als Erstes krabbelte ich über einen Berg achtlos hingeworfener Schmutzwäsche in die Dusche. Danach stolperte ich bei dem Versuch, die Hundeleine aus dem Keller zu holen, über Gummistiefel und einen Fahrradhelm und wäre beinahe die Treppe hinuntergestürzt. Vermutlich kein Problem, denn ich wäre weich gefallen – auf den Berg feucht-modriger Sportklamotten, der am Fuße der Treppe aufragte. Ist es möglich, dass die Erdanziehungskraft auf manche Jungs (und Mädchen) noch mal eine ganz besondere, intensivere Wirkung hat? Denn auch auf dem Fußboden ihrer Zimmer waren oft flächendeckend Dinge verstreut, die ich nicht näher erläutern möchte.

Zwei Stunden später an diesem Sonntag, als wir den Tisch gemeinsam deckten, riss mir endgültig der Geduldsfaden: »Wo ist die Marmelade?«, »Warum gibt es keine Eierlöffel?«, »Ich finde den Käse nicht.«

Ich hatte es so satt, meine Familie zu bedienen, die so orientierungslos durch unser Haus irrte, als wären wir gerade letzte Woche und nicht bereits vor zehn Jahren hier eingezogen.

Rückblickend ist mir die eine oder andere Überreaktion etwas peinlich. Allerdings zeigt sie, in welcher Verfassung ich mich befand. An dem Morgen waren meine Batterien so gut wie leer. Leicht hysterisch rief ich meine Familie zusammen und erklärte: »Wir befinden uns im Erdgeschoss des Hauses. Links geht's in die Küche, in der Geschirr und Lebensmittel zu finden sind. Frische Nahrungsmittel werden im Kühlschrank aufbewahrt, alles Haltbare steht in den Vorratsschränken rechts und links daneben. Unter der Spüle befinden sich Putzmittel, Wischlappen und der Mülleimer.«

»Jetzt tickt sie ganz aus«, Nummer zwei machte eine scheibenwischerähnliche Handbewegung vor der gerunzelten Stirn und blickte zu seinem großen Bruder, der zur Bestätigung mit dem Zeigefinger an seine Schläfe deutete. Dann schauten beide hilfesuchend zu ihrem Vater, der nur achselzuckend hinter der kleinen Gruppe hertrottete.

Ich ignorierte die Gefühlsregungen meiner Liebsten und fuhr fort, Mann und Kindern das gemeinsame Eigenheim wie eine Stadtführerin vorzustellen.

»Über eine Kellertreppe erreicht man, sofern sie frei zugänglich ist und die Stufen nicht von Schuhwerk, Dreckwäsche oder anderen Gegenständen blockiert sind, den Keller. Hier werden Winterjacken sowie Gummi- und Matschstiefel im Trockenraum auf den dafür vorgesehenen Regalen aufbewahrt!« Mit forschem Schritt trieb ich meine Familie in die Garage. »Hier befindet sich der Wagen der Familie, der zur Fortbewegung von A nach B dient und nicht als Sammelbehälter für Recyclingmüll.« Mit spitzen Fingern griff ich nach klebrigem Eispapier, zerdrückten Apfelschorleflaschen leeren Chips- und Gummibärchentüten. Ich fingerte in meiner Hosentasche nach dem Autoschlüssel. Ich wollte mich allein aus dem Staub machen. Doch als ich im Auto saß und die drei bedrückten Gesichter sah, änderte ich meinen Fluchtplan. Bei Spaghetti-Eis und Cappuccino in unserer Lieblingseisdiele baten Mann und Kinder um Verzeihung und schworen Besserung. Ich lächelte, nahm die Entschuldigung an und wusste längst: Alles würde so bleiben, wie es war.

»Im Grunde funktioniert es doch wie in der Hundeerziehung«, fuhr mein damaliger Mann fort in seinem Erklärungsversuch. »Oder zumindest so ähnlich. Wärst du mit den Jungs so konsequent wie mit deinen Hunden, würde vieles hier zu Hause ganz anders laufen.«

Ich warf ihm einen empörten Blick zu. »Du kannst doch Hundeschule nicht mit Jungserziehung vergleichen!«

Aber innerlich stimmte ich ihm zu. »Sitz! Platz! Bleib!« Ich verspürte weder Schuldgefühle dabei, Carlo energische Anweisungen zu geben, noch beeinflussten seine Unlust oder sein dramatisch-vorwurfsvoller Blick meinen Anspruch an das gewünschte Verhalten.

Und wenn Carlo versucht, Käse von meinem Teller zu klauen, während ich wegschaue, bekommt er von mir ein kurzes, klares »Aus!«. Nie käme ich auf die Idee, ihm das Verbot zu erklären: Ich möchte nicht, dass du meinen Käse nimmst, denn ich habe selbst großen Hunger. Und wenn du jetzt meinen Käse isst, werde ich nicht satt, muss noch mal in die Küche und mir mehr zu essen machen. Oder ich futtere nachher vor dem Fernseher eine ganze Tüte Chips. Außerdem hast du schon gefressen. Und überhaupt bekommt Jagdhunden Blauschimmelkäse gar nicht, und du wirst furchtbaren Durst kriegen … Und so weiter und so weiter.

Spielend gelang es mir, Carlo eine solide Grunderziehung zu vermitteln. Warum? Er wusste, dass sein Handlungsspielraum im Nullbereich lag und jede Weigerung zwecklos gewesen wäre. (Ausnahmen bestätigen die Regel.)

Meine Söhne hingegen haben bei mir erfahren: Ein Nein ist nur ein Wort. Da geht bestimmt noch was. Und das, obwohl ich genau weiß, dass es zur Liebe und liebevollen Erziehung dazugehört, es auszuhalten, dass es Ärger gibt und dass die Kinder mich auch mal richtig blöd finden. Aber schlechte

Stimmung und wütende Worte schlagen mir aufs Gemüt. Kommt es zu Streit oder Unwillen über meine Anordnungen, kann ich das nur schwer aushalten. Meine Jungs kennen mein Harmoniebedürfnis und wissen auch, dass jeder traurige oder wütende Blick mich bis in den Schlaf verfolgt. Manchmal nutzen sie das tatsächlich aus, manchmal spiegeln sie mein Verhalten.

Nach einem kleinen Streit mit Sohn Nummer drei klopfte ich abends noch einmal an seine Tür. »Ich würde gern diese Unstimmigkeit mit dir klären.«

Er lächelte mich an. »Das sagst du jetzt nur, weil du es nicht aushältst, im Streit ins Bett zu gehen. Aber ich möchte darüber heute nicht mehr reden.«

Die Elefantenmutter hätte den Rüssel über dem Kopf zusammengeschlagen über diesen Mutterauftritt.

Und was den Vergleich mit der Hundeerziehung betrifft: Als wir beschlossen, einen Hund anzuschaffen, googelte ich vorher die Rassen systematisch nach »leicht erziehbar« und »folgsame Familienhunde« und landete bei unserem Magyar Viszla, dessen Beschreibung lautete: intelligent, menschenbezogen, ausgeglichen, gehorsam, anhänglich, möchte in allem, was er tut, gefallen. Außerdem liebt er Schmusestunden, braucht Sanftheit und Liebe, aber keine Härte. Bingo!

Im Freundeskreis erklärte ich meine Entscheidung mit den Worten: »Ich möchte, dass jedenfalls einer im Haus tut, was ich sage.« Und obwohl ich dabei meist lachte: Es entsprach der knallharten Wahrheit. Kinder sucht man eben nicht nach gefälligen Eigenschaften aus. Sie bleiben Überraschungspakete, und deshalb müssen die »Basis-Gebrauchsanweisungen« individuell ergänzt werden.

Klar ist allerdings: Die typspezifischen Anweisungen zu Mädchen und Jungs unterscheiden sich gravierend.

Von Dr. Reinhard Winter fand ich auf YouTube zum Thema »Buben brauchen klare Ansagen« einen gleichnamigen Vortrag von ihm, den er 2017 gehalten hatte.

Sicher war es kein Zufall, dass etwa neunzig Prozent der Zuhörer Frauen waren. Obwohl ich absolut auch Ausnahmen im Freundeskreis kenne, scheint es, dass wir Frauen häufig mehr Schwierigkeiten mit Klarheit haben als Männer. Warum ist das wohl so? Weil heiße Kindertränen den Butterberg in vielen von uns sofort zum Schmelzen bringen? Und weil Anweisungen und Erwartungen dann ihre Wirkung verlieren wie zu heiß gelagerte Medikamente? Und warum ist das nun wieder so? Stecken da noch alte Erziehungsmuster in uns, die uns Frauen vorgaukeln, immer gefallen zu müssen?

Um ehrlich zu sein: Ich möchte keineswegs den Mann in mir entdecken und würde bei dem Versuch wohl auch kläglich scheitern. Aber meine Klarheit, an der würde ich gern arbeiten. Wie könnte das gehen? Vielleicht helfen auch hier Achtsamkeit und Atmen: Einatmen auf vier – 1: Was ist mir wichtig? 2. Wo bin ich zu Kompromissen bereit und wo nicht? 3: Wie formuliere ich meinen Wunsch knapp und deutlich? 4: Wie reagiere ich gegebenenfalls auf Widerspruch? Dann lange ausatmen, weil's so schnell ging, alles noch mal und go!

Im Übrigen denke ich, dass Frauen genauso von Männern lernen können wie Männer von Frauen. Egal ob nun »typisch weiblich« oder nicht. Deshalb versuche ich, kritischer auf mein Verhalten zu blicken, und vor allem arbeite ich, wie oben erwähnt, hart daran, überflüssige Wörter zu sparen.

Also, Frauen und Mütter: Was haltet ihr von einer Challenge? Wir machen uns nicht auf die Suche nach dem Mann in uns, sondern bleiben ganz wir selbst. Stattdessen versuchen wir ab sofort, uns kurzzufassen. Und jedes Mal, wenn es klappt, posten wir unsere Erfahrungen auf Instagram oder Facebook #kurzundbündig. Wir werden Wellen schlagen!

13

Eine Hand im Matsch und eine Hand im Himmel
Vom Lieben und Loslassen

Erst können wir es kaum abwarten, unsere Kinder heranwachsen zu sehen, dann geht plötzlich alles viel zu schnell. Vom Kindergarten bis zum Auszug aus dem Elternhaus: Das Mutterleben steckt voller kleiner Abschiede. Von Helikopter-Müttern, Walfischen und der Frage, warum Loslassen zum Lieben gehört.

»Du bist so süß! Wenn du willst, kannst du dein ganzes Leben bei uns bleiben.« Dieses Versprechen geben die frischgebackenen Eltern ihrem Sohn in dem Film *Tanguy – der Nesthocker*. Da ahnen sie natürlich nicht, dass dieser das Angebot wahrnehmen wird. Achtundzwanzig Jahre später ist die Mutter von ihrem Sohn genervt, bereits in psychotherapeutischer Behandlung und bekommt jedes Mal Schluckaufattacken, wenn man sie darauf anspricht, wann ihr Sohn endlich ausziehe.

Ich finde diese wunderbar überzogene Komödie nicht nur herrlich unterhaltend, sie pikst auch mitten in mein Gluckenherz. Denn natürlich erinnere ich mich an das Gefühl, als mir mein Baby nach der Geburt auf den Bauch gelegt wurde. Im

Hormonrausch kann einem so ein Satz schon mal über die Lippen kommen, oder?

Ich saß im Wartezimmer beim Kieferorthopäden und blätterte unkonzentriert in einem Magazin, als ich mich an diesen Film erinnerte. Warum? Weil in Kürze der Auszug von Sohn Nummer drei anstand. So eine Neuigkeit flatterte nicht wie der Kostenvoranschlag für die neue Zahnspange in die Nachrichtenzentrale meines Mutterhirns und wurde dort mit Datum und To-do-Liste in einem Ordner abgelegt. Nein, die Ankündigung öffnete zig Emotions- und Erinnerungsschubladen.

Während nebenan die Zahnspange von Sohn Nummer vier gerichtet wurde, sinnierte ich sentimental: Wie viele Stunden meines Lebens habe ich wohl schon in Wartezimmern verbracht? Und wie viele damit, Pflaster zu kleben, Windeln zu wechseln, Geburtstags-Smartieskuchen zu backen? Wie viele Stunden haben wir Arm in Arm Fernsehen geguckt oder gekuschelt?

Der Abschied vom Windelwechseln ist jetzt kein Thema, bei dem meine Tränen kullern, aber das Kuscheln vermisse ich schon. Selbst wenn meine Söhne mich mittlerweile alle überragen und drei von ihnen erwachsen sind, überkommt mich noch immer, wenn ich sie betrachte, ein überschäumendes Gefühl von Liebe und Zärtlichkeit, das sich am liebsten in spontanen Knutschattacken entladen möchte. Klappt aber nur noch selten. Wie sagen ältere Leute häufig: »Früher war alles einfacher.« Was das Knutschen betrifft, kann ich das direkt unterschreiben. Als meine Jungs im Kleinkindalter waren, schlich ich mich häufig, nachdem sie endlich eingeschlafen waren, heimlich zurück in ihre Zimmer, zuckelte die Decke zurecht und legte Teddy und Schlafkissen wieder neben die schwitzig-verwuschelten

Haare. An die richtige Stelle. Dabei war alles, was ich tat, ein Alibi. Eigentlich war ich nur aus einem Grund gekommen: um ihnen, so friedlich und wehrlos, wie sie dalagen, noch einen Schmatzer auf die Stirn zu drücken. Und noch einen und noch einen – bis sie schließlich aufwachten, mich erstaunt ansahen und ich Ärger mit meinem jeweiligen Mann bekam.

»So geht das wirklich nicht weiter!«, beschwerte sich eines Tages Sohn Nummer vier, er besuchte mittlerweile die zweite Klasse der Grundschule, und ich hatte ihn gerade von Herzen durchgeknuddelt. »Kein Kind will immerzu gedrückt, geknutscht und gestreichelt werden! Wir machen jetzt eine Regel!«, erklärte er mir im Schulmeisterton. »Du darfst mich nur noch knuddeln, wenn es einen Grund gibt.«

»Und was wäre denn zum Beispiel so ein Knuddelgrund?«, fragte ich verdutzt und lächelte ihn an, gespannt auf seine Worte.

»Na ja, zum Beispiel, wenn ich von einer Klassenreise wiederkomme und du mich sooo doll vermisst hast.« Er überlegte einen Moment und kam dann vermutlich zu dem Schluss, dass er gerade auf Klassenreise gewesen war und in nächster Zeit keine weitere geplant war. So wenig Körperkontakt war ihm anscheinend doch nicht genug. »Also meinetwegen knuddel mich auch am Morgen beim Wecken oder wenn du mich von der Schule abholst und dich sehr freust, mich wiederzusehen«, fügte er großzügig hinzu.

»Und wie ist es einfach aus Liebe?«, stellte ich als weitere Option in den Raum. Er grinste mich an und wich, das Unheil kommen sehend, langsam zurück. Dann rief er lachend: »Das gilt auch!« – und schmiss sich kreischend aufs Bett.

Da hatte ich wirklich noch mal Glück gehabt.

187

Tja, es gab Zeiten, in denen ich nach einem turbulenten Tag ins Bett fiel und es sich für mich anfühlte, als hätte der Tag viermal vierundzwanzig Stunden gehabt. Dann wieder rasten die Jahre vorbei. Auf mysteriöse Weise verstreicht Zeit immer in unterschiedlichem Tempo. Heute gibt es keine Knutschattacken mehr. Eine Umarmung zur Begrüßung, ein Kuss auf die Wange, ein kurzes Streichen durchs Haar. Das war's meistens. Der Rest läuft mental. Nichts bleibt, wie es ist. Das fühlt sich manchmal gut und manchmal verdammt schmerzhaft an. Natürlich wissen wir, dass loslassen nicht verlieren bedeutet. Die Beziehung ändert sich nur. Theoretisch ist das klar, aber die Seele braucht eben ab und zu etwas länger, um dem Verstand zu folgen.

Loslassen bedeutet, unsere Kinder nicht festzuhalten, sie auf eigene Beine zu stellen und gehen zu lassen. Das erste Mal wurde mir das bewusst, als mein Ältester, damals ein Jahr alt, seine ersten Schritte tat – in meine Arme. Ich weinte vor Freude und auch in dem Wissen, dass es der Anfang von vielen Loslass-Übungen war. Als wir das erste Mal einen Babysitter bestellten, um endlich mal wieder Paarzeit zu genießen, schrieb ich vorher eine Liste von der richtigen Flaschenmilchtemperatur über den Einsatz der Spieluhr bis zum Nachtlicht und natürlich unsere Telefonnummern. Aber richtig genießen konnte ich den Abend dennoch nicht. Das Loslassen fiel mir damals furchtbar schwer. Mein Baby und ich, das fühlte sich für mich an, als wären wir wie durch ein unsichtbares Band eng miteinander verbunden, fast körperlich. Mit den Jahren wurde es durch viele Übungen Stück für Stück flexibler: erste Stunden bei Oma, Vormittage in der Kita. Die Tränen, die beim Abschied flossen, zerrissen mir fast das Herz. War ich eine schlechte Mutter, dass ich meinem Kind diese Trennung zumutete? War es egoistisch von mir, dass ich die Vormittage für mich und meinen Job in Anspruch nahm?

Tausend Sorgen, bis ich meinen Sohn wieder in die Arme schloss und erfuhr, dass er bereits zwei Minuten, nachdem ich das Gelände verlassen hatte, fröhlich mit den anderen Kindern gespielt hatte. Und ein paar Wochen danach war er so glücklich zwischen den Gleichaltrigen, so vertieft in das Spiel, dass er sich keineswegs sofort aus der Gruppe löste, wenn die Kindergärtnerin rief, er werde abgeholt.

Zwei Jahre später war ich es dann, die weinte. Und zwar beim Kindergarten-Abschiedsgottesdienst. Eine der herausforderndsten Loslassübungen war für mich allerdings, als meine Jungs nach der Trennung das erste Mal ein Wochenende mit ihrem Papi verbrachten. Sie waren damals zwei und vier Jahre alt. Um ihnen die Trennung leichter zu machen, zeigte ich auf dem Weg zum Auto ein fröhliches Gesicht und ermutigte sie. Zum Abschied hauchte ich auf das Fenster, malte ein Herz darauf, lief noch ein paar Schritte winkend neben dem Auto her und warf Handküsse, bis sie um die Kurve verschwanden. Es fühlte sich an, als flöge mir ein gerissenes Gummiband um die Ohren. Ich weinte wie ein Schlosshund. In den nächsten Monaten gewöhnten wir uns an die getrennten Tage. Die Kinder verbrachten eine tolle Zeit mit Papi, und ich lernte meine Alleinzeit zu schätzen. Und wir freuten uns auf ein Wiedersehen am Sonntagabend.

Auch beim Freischwimmer, selbst beim Fahrradführerschein und natürlich dem Wechsel auf die weiterführende Schule hatte ich Tränen der Rührung in den Augen. Und das ging so weiter über die Konfirmation bis zum achtzehnten Geburtstag. Weniger sentimentale Loslassübungen dagegen waren die Nächte, in denen ich wach lag und mir Sorgen machte um meine Jungs, die Partys bis zum Morgengrauen feierten oder durch die Bars zogen. In diesen Nächten musste ich lernen, die Kontrolle abzugeben: Sie dürfen sich ausprobieren, Party machen, zu viel trinken, über die Stränge schlagen, weil es dazugehört und wichtig ist. Ich glaube, dass es bis heute in vielen Situationen noch immer eine Herausforderung für mich ist, Ängste um meine Söhne in Vertrauen zu wandeln und ihnen ihre eigenen Handlungen und Entscheidungen zuzugestehen.

Aber gibt es dazu eine Alternative? Neulich saß ich beim Essen auf einer Party zwischen einigen Frauen, die sich leidenschaftlich unterhielten. Wie ich am Rande mitbekam, ging es um Tattoos. »Was macht ihr, wenn eure Söhne sich tätowieren lassen wollen?«, war die Frage, die im Raum stand. Als sie bemerkten, dass ich allein am Tisch saß, bezogen sie mich freundlich in das Gespräch mit ein. »Wie würdest du reagieren? Wie würdest du das verhindern?«

»Gar nicht!«, antwortete ich kurz und klar. »Ich habe mir selbst vor einigen Jahren ein kleines Tattoo stechen lassen und wäre wohl wenig überzeugend, wenn ich versuchen würde, es ihnen auszureden. Und zweitens finde ich, dass es uns tatsächlich überhaupt nichts angeht.«

Wir schauten uns gegenseitig überrascht an. Ich guckte so, weil wir nicht über vierzehnjährige, sondern weit über zwanzigjährige »Kinder« sprachen und ich nicht verstehen konnte, wie Mütter auf die Idee kamen, sich überhaupt einzumischen. Die anderen Frauen wunderten sich vielleicht über meine Meinung. In dem folgenden Gespräch erzählte ich, dass ich meinen Jungs bis zum achtzehnten Geburtstag ebenfalls verboten hatte, sich ein Tattoo stechen zu lassen, weil ich sie vor unüberlegten Entscheidungen schützen wollte, die sie womöglich später bereuen würden. Mit der Volljährigkeit jedoch hatte ich diese Sorge komplett losgelassen und durfte dann sogar bei meinem Ältesten bei der Wahl des Motivs helfen.

Natürlich wollen wir unsere Kinder beschützen, gern weit über die Volljährigkeit hinaus. Aber so wenig, wie wir das unseren Eltern gestattet haben, so wenig hilfreich ist es für unsere Kinder. Aus der Annahme heraus, dass sie vieles besser können und wissen, überschreiten viele Eltern unbewusst und bewusst Grenzen: Das reicht vom Putzen der Wohnung (»In so einem Chaos kann man doch nicht leben!«) bis zur Partnerwahl und Kindererziehung. Ohne Frage, wir meinen es mit unserem großen und mit Liebe gefüllten Mutterherzen ausnahmslos gut. Trotzdem bedeutet loslassen, unsere Kinder ihr ganz eigenes Leben auf ihre Art leben zu lassen, ihnen Entscheidungen zuzutrauen und diese zu akzeptieren. Auch wenn es uns vielleicht nicht immer gefällt. Aber ich glaube, dass es die Voraussetzung für eine Eltern-Kind-Beziehung ist, auf die beide Seiten ein Leben lang Lust haben.

Apropos Auszug: Nach einem Vierteljahrhundert Hausarbeit, Sachen hinterherräumen, Klamotten waschen habe ich bis heute nicht den Funken von Lust gespürt, die Wohnungen meiner ausgezogenen Söhne zu putzen. Und in einigen Monaten ist also Sohn Nummer drei an der Reihe.

Links laufen die Tränen der Traurigkeit über die vergangene Zeit, rechts laufen die Tränen der Freude. Wie sagte Albert Einstein einmal? »Abschiede sind Tore in neue Welten.«

Denn es ist doch so: Nur wer flügge ist, kann das Nest verlassen. Und wenn unsere Kinder so selbstbewusst und sicher ins Leben starten, dann ist dies auch ein Zeichen dafür, dass wir Eltern einen ordentlichen Job gemacht haben und dass es ihnen gut geht. Und das ist auf jeden Fall das, was ich mir am meisten wünsche für meine Söhne.

Manchmal erleide ich dennoch Rückfälle à la: »Frierst du auch wirklich nicht? Draußen sind Minusgrade, und du läufst ohne Socken in Turnschuhen umher?« Oder ich mische mich ungefragt in das Berufs- und Beziehungsleben ein und gebe Ernährungstipps, die keiner hören will. Dafür möchte ich mich an dieser Stelle ausdrücklich entschuldigen. Nach der langen Zeit im Muttermodus passiert das eben hin und wieder. Aber je länger ich die Jungs dabei beobachte, wie souverän sie gute Entscheidungen auch ohne mich treffen, desto leichter fällt es mir, mich zurückzuhalten. Die Festplatte wird bestimmt bald umprogrammiert sein.

Wie wäre mein Leben wohl ohne meine Söhne verlaufen? Wie hätte ich ohne meine Jungs von dieser ganz besonderen Form von Liebe erfahren und gelernt, die passenden Worte dafür zu finden? Im Kindergartenalter begannen Sohn Nummer eins und zwei, ein Gefühl für Größen zu entwickeln, und machten sich auf die Suche nach dem Maß für Dinge, Mengen und Gefühle in ihrem kleinen Kosmos. »Ich habe Nashornhunger«, hieß es etwa.

Eines Abends drückte mich Sohn Nummer eins ganz fest: »Ich habe dich so lieb – von Lüneburg bis Afrika!«

»Ich habe dich so lieb wie einmal um die Welt«, versuchte Sohn Nummer zwei mitzuhalten und kuschelte sich zu uns. »Wie vierzehn Walfische groß sind, wie Papi Kraft hat, wie ein Krokodil hochspringen kann«, wetteiferten sie weiter. Dann hielt mein Ältester kurz inne. Mit Falten auf der Stirn suchte er nach einer Steigerung vom allem bisher Gesagten – und fand sie. Hochzufrieden sagte er: »Ich habe dich so lieb wie eine Hand im Matsch und eine Hand im Himmel!«

Genau so liebe ich jeden Einzelnen von ihnen bis heute.

Doch wo wir gerade bei Walen und Krokodilen sind: In der Tierwelt gibt es schon verrückte Geschichten. Während heranwachsende Amseln, Mäuse, Antilopen und viele andere Tierarten schnellstmöglich allein zurechtkommen müssen, kleben Killerwalsöhne lebenslang bei ihrer Mutter. Dagegen ist Tanguy, der Nesthocker, ein Waisenkind! Die Muttertiere, die bis zu neunzig Jahre alt werden können, schwimmen nach ihrer Menopause im Alter zwischen dreißig und vierzig Jahren weiter als Helikopter-Mamis beschützend um ihre Söhne herum. Sie erjagen im wilden Ozean Beute für sie. Bis zu ihrem Tod. Und sichern durch ihre Fürsorge die Überlebenschancen ihres Sprösslings, der sich währenddessen entspannt vermehren kann. Der junge Orcavater übrigens überlässt seinen Nachwuchs dann der Schwiegerfamilie und genießt weiterhin ganz entspannt das Mama-Wal-Versorgungspaket.

Puh, da kriege ich eine Gänsehaut. Nicht aus Rührung, sondern eher aus frauensolidarischem Mitleid. Ich habe mir vom vielen Spülen tatsächlich ein sogenanntes »Hausfrauenekzem« eingehandelt. (Ja, so was gibt es!) Dazu kamen Sorgenfalten und nach ewigen Jahren Schlaf im Stand-by-Modus chronische Schlafstörungen. Wie dick ist die Walhaut, um Muttersorgen bis zum neunzigsten Lebensjahr durchzuhalten? Zumindest bleibt sie leuchtend schwarz-weiß, während bei mir jede Menge grauer Haare zum Vorschein kämen, würde ich die Tönung absetzen.

Also: Weit auf die Türen und hinaus mit den Söhnen ins Männerleben. Und bloß nicht gleich reflexartig hinterherspringen, muss ich mir sagen. Denn Hand aufs Herz: Das fällt trotz allen Wissens und trotz aller guten Vorsätze manchmal gar nicht so leicht. Ich hatte Glück und musste mich nicht auf einen Schlag an ein neues Leben gewöhnen. Bei vier Kindern erlebe ich sozusagen einen Abschied auf Raten. Aber trotzdem hatte ich mich jahrelang beschwert über Lärm, Unordnung und Wäscheberge. Und dann wird es Stück für Stück und mit jedem Auszug ordentlicher, sauberer, ruhiger, manchmal sogar geradezu bedrohlich still. Da werden zwar Ruheträume wahr, aber gleichzeitig ist es zunächst auch arg ungewohnt. Ich hörte von meiner so bewundernswert starken Freundin Ada, dass sie sich in den ersten Tagen nach dem Auszug ihres Jüngsten häufig am Morgen in sein Bett legte, um an seinem Kopfkissen zu schnuffeln. Oh, mein Gott, wie gut konnte ich das verstehen! Allerdings gab es für mich keine Jungsbettdecke zum sentimentalen Kuscheln oder Schnuffeln, weil meine Söhne Nummer eins und zwei ihre Betten gleich mitnahmen.

Es gilt auch nicht nur, sich an die immer leerer werdende Wohnung zu gewöhnen. Eine weitere Herausforderung ist es häufig, die Ungewissheit auszuhalten: Wie läuft die Ausbildung? Geht es meinem Kind gut in der neuen Wohnung, im Studium, im neuen Lebensabschnitt? Womöglich so gut, dass es gar keine Sehnsucht mehr nach zu Hause hat? Bekomme ich so selten eine Nachricht, weil es ihm so gut oder so schlecht geht? Oder schlichtweg, weil es einfach gerade Tausend andere Dinge gibt, die den Jungs in dieser spannenden Lebensphase wichtiger sind, als die Mutter anzurufen? Zugegebenermaßen kennen wir das doch selbst, oder? Ich habe tage- oder wochenlang nicht bei meiner Mutter angerufen, weil mir gerade nicht danach zumute war oder ich einfach megaviel um die Ohren hatte mit Job, Kindern, Haushalt. Danach drückte ich mich dann oft, weil ich keine Lust auf die nun folgenden Vorwürfe hatte: »Ach, du lebst noch? Dass du dich auch mal meldest, ist ja ein Wunder.« Oder noch schlimmer: »Ich bin ja so enttäuscht, dass du mir nicht mehr aus eurem Leben erzählst.«

Beides führte dazu, dass ich mich noch seltener meldete. Wie traurig, oder?

Ich freue mich über die Anrufe meiner Jungs und sage ihnen das auch. Und natürlich vermisse ich sie dann und wann, bin sentimental, blicke sehnsüchtig zurück. Zum Glück aber gibt es viel Wichtigeres zu tun, als auf Anrufe und Nachrichten zu warten. Nämlich, das eigene Leben zu leben und zu überlegen: Was tue ich jetzt mit der mir zur Verfügung stehenden Zeit?

Ich denke, ich greife die Leidenschaften wieder auf, die ich lange vernachlässigt habe. Dabei nehme ich all das Gelernte, all die Kraft, all das Wissen mit aus unserer gemeinsamen Zeit. Das Selbstbewusstsein, dass ich vieles schaffen kann. Denn wer kann schon eine Frau aufhalten, die es mit vier Söhnen aufgenommen hat?

Jungs, ich bring's noch mal auf den Punkt: Ihr habt mich stark, stolz und selbstbewusst gemacht. Dazu sportlich und fit gehalten. Vielleicht reise ich durch die Welt, bleibe einfach immer mal, wo es mir gefällt. Früher habe ich von Neufundland und Neuseeland geträumt. Aber die Realität hat gezeigt: Zu lange Trennungen halte ich gar nicht aus. Das unsichtbare Band zu euch hat sich zwar gedehnt, aber nicht so, dass es einmal um die Welt reicht. Also toure ich doch lieber durch Schweden oder Irland statt durch Alaska. Ich möchte noch mehr Sport machen, mehr Zeit zum Schreiben finden, spannende Kurse besuchen und selbst Seminare geben, vielleicht auch wieder reiten.

Ich bin sicher, dass mir in den nächsten Jahren noch viel einfällt. Überhaupt: Rechtzeitig eine Top-Liste mit Ideen und Wünschen zu erstellen, macht nicht nur die spätere Planung leichter, sondern hat mir auch über die sentimentale Abschiedsstimmung hinweggeholfen.

Zwischen allen Reisen, Jobs und Aktivitäten wünsche ich mir den Luxus des Nichtstuns. Vielleicht mit dem Hund zu Füßen auf dem Sofa sitzen und einfach mal tagsüber lesen. Oder endlich Bilder sortieren und die lang geplanten Fotobücher von unserem Leben für meine Jungs gestalten? Sicher muss ich dabei wieder einmal heulen … Und vielleicht wäre das sogar gut, weil es mir noch mal ganz deutlich macht: Die Zeit, in der ich überwiegend um die Kinder gekreist bin, ist unwiederbringlich vorbei.

Im Zuge seines Studiums drehte Sohn Nummer eins einmal als Semesteraufgabe einen Werbeclip für einen Telefonanbieter. Ein junger Mann verlässt seine Mutter, nachdem er offensichtlich Mist gebaut hat. Eine feste Umarmung, Tränen fließen, und zum Zeichen, dass sie für ihn betet, legt sie die Hände aneinander. In der nächsten Szene fährt er im Regen auf der Landstraße durch die Nacht. Aufgerührt, bewegt, hilflos. Er hält den Wagen an, steigt aus, greift zum Handy und sagt: »Mama, ich komme nach Hause.«

Jedes Mal, wenn ich mir diesen Clip anschaue, werde ich von einer Welle Liebe überflutet. Denn in dieser Szene liegt für mich meine ganze Mutterwahrheit: Was immer passiert, wo immer ich bin, werde ich meine Söhne mit guten Gedanken begleiten und für sie da sein. Ich bin sicher, dass die Flügel, die ihnen in unserer gemeinsamen Zeit gewachsen sind, sie auch wieder nach Hause tragen werden. Spätestens wenn der Kühlschrank leer ist oder es wieder einmal Verletzungen bei riskanten Höhenflügen gab. Aber Wiedersehensfreude gibt es eben auch nur, wenn man vorher geht.

Und diese besondere Liebe hilft mir hoffentlich, es auszuhalten, dass sie nicht ständig ihr Leben für mich protokollieren, sie wirklich in Ruhe zu lassen und einfach weiter zu vertrauen, dass sie die richtigen Entscheidungen treffen. (Es sei denn, es saust mal wieder ein Sturm durch Hamburg, und ich springe ans Telefon, um sie alle sofort nach Hause zu schicken. *Hüstel*)

Forscher nehmen übrigens an, dass wir Frauen im Gegensatz zu den Walmüttern in die Wechseljahre kommen, um uns um unsere Enkelkinder zu kümmern. Ich finde, am Ende ist das dann doch das bessere Lebenskonzept, oder?

Und was die Prophezeiung meiner Freundinnen betrifft – »Du wirst sicher einen Haufen Enkeltöchter bekommen!« –, wenn es das Leben so will, gern. Aber wenn es anders kommt, hey, ich meine: Was soll ich denn machen mit all den Kisten voller Gummi-Dinosaurier, den Pistolen, Playmobilpiraten und vor allem: Wohin mit alldem, was ich über Jungs gelernt habe?

Also, das wäre jetzt irgendwie so gar nicht nachhaltig.

14

Als Nächstes pinkele ich
im Stehen

Stark, selbstbewusst und um ein paar Kilo Worte
leichter – wie mein Leben mit Jungs mich verändert hat
und was wir Frauen von unseren Söhnen fürs Leben
lernen können.

Die Zeiten der Rangelei um den größten Teller Spaghetti, darum, wer den Müll rausbringt oder den Hund ausführt, sind inzwischen vorbei. Sohn Nummer eins und zwei sind längst erwachsen, Nummer drei ist nun auch volljährig und steht am Nestrand zum Sprung bereit, und auch Sohn Nummer vier ist mittlerweile fünfzehn Jahre alt. Erziehungstechnisch schreite ich also definitiv auf die Zielgerade zu. Zeit für einen Rückblick. Zuerst einmal: Entwarnung! Ob Klippensprünge, Sportunfälle oder Benimmhürden – alle vermeintlichen Gefahrentiefs sind, ohne gravierende Schäden zu hinterlassen, an uns vorbeigezogen. Alle unheilvollen Gedanken, die mich nächtelang wach gehalten haben, sind Gott sei Dank Fantasien geblieben.

»Ich hatte mein ganzes Leben viele Probleme und Sorgen. Die meisten von ihnen sind aber niemals eingetreten«, sagte der kluge Mark Twain einmal. Hätte ich mir diesen Satz bloß schon fünfundzwanzig Jahre früher übers Bett genagelt – mein Leben wäre um einiges entspannter verlaufen.

Oder, um einen Formel-1-Vergleich ins Spiel zu bringen: Trotz Gewitter, Sturm, Hagel, Flut und manchmal sehr widrigen Straßenverhältnissen sind all meine Jungs mit ihren Hochleistungs-PS-Körpern in der Spur geblieben. Okay, nervenaufreibende Lackschäden, angebrochene Spiegel oder eine Reifenpanne waren zwischendurch schon dabei. Aber kaum waren diese behoben, wurden sie zu lustigen Anekdoten, die ich gern in meinen Reden zur Konfirmation oder zum achtzehnten Geburtstag verbraten habe. Dankbar und in dem Wissen, dass es Familien gibt, die weniger Glück hatten und mit traurigen Schicksalsschlägen leben müssen.

Trotz einiger Schultadel, der einen oder anderen geschwänzten Stunde oder zeitweise wackligem Notendurchschnitt haben drei meiner Jungs ihre Schullaufbahn bislang souverän absolviert und erfolgreich beendet. Auch kleine Ladendiebstähle, ein Besuch auf der Polizeiwache oder Promillerekorde haben sie keineswegs zu alkoholgefährdeten Kleinkriminellen gemacht. Ganz im Gegenteil: Drei von ihnen sind mühelos in Ausbildung, Studium und Beruf gestartet. Auf der Life-Hack-Skala befinden sie sich absolut im grünen Bereich, und ihren Großmüttern trieben und treiben sie mit ihrem wohlgefälligen Verhalten regelmäßig Tränen der Rührung in die Augen. Und würde der alte Knigge sie heimlich beobachten, so wäre er überwiegend zufrieden mit ihnen.

»Was glaubt ihr, was ich alles von euch gelernt habe?«, fragte ich meine Söhne neulich beim gemeinsamen Sonntagsfrühstück.

»Die Frage lautet wohl eher: Was hast du nicht von uns gelernt?«, konterte Sohn Nummer drei lachend.

Also das mit dem Vermitteln von Selbstbewusstsein hat offensichtlich geklappt. Bin auch ich selbstbewusster geworden? Bestimmt. Auf jeden Fall hätte ich ohne die Jungs viele besondere Momente nie erlebt. Hätte nie erfahren, wie glücklich Tortenschlachten in der Badewanne machen. Hätte niemals beim Wrestling in der ersten Reihe gesessen und wüsste bis heute nicht, was eine Batista Bomb ist, und auch nicht, was für eine gruselig-schöne Gänsehaut es macht, nachts durch den Wald zu schleichen und nach Wildschweinen Ausschau zu halten. Ich habe gelernt, dass ich manchmal zu viel rede und Jungs *immer* Hunger haben.

Aber natürlich will ich an dieser Stelle keine allgemeingültige »Was-man-von-Jungs-lernen- kann«-Präsentation halten. Das wäre völliger Unsinn. Ich kann nur von meinen persönlichen Erfahrungen mit meinen Söhnen sprechen, die sich ziemlich wahrscheinlich von denen anderer Mütter unterscheiden. Denn selbst meine vier Jungs sind bei allem, was sie verbindet, total unterschiedlich. Jeder von ihnen bringt seine ganz besonderen Fähigkeiten, Talente, Kompetenzen mit in die Familie. Von Sohn Nummer eins habe ich sicher zu meiner angeborenen Aufsässigkeit noch einmal eine große Portion »Was-kümmert-es-mich-was -andere-Leute-denken« dazugewonnen. Dank ihm stelle ich den Ist-Zustand noch häufiger infrage und habe mehr Mut, die eigene Meinung offen zu vertreten. Daran mangelt es manchen von uns Frauen oft. Und ich frage mich auch: Wieso lächeln Frauen eigentlich so oft, wenn ihnen gar nicht danach zumute ist? Sogar wenn sie belästigt oder beleidigt werden? Warum denken Frauen, dass sie immer nett sein müssen? Ich erinnere mich, dass ich einmal in einem Therapiegespräch saß, weil es mir nicht gut ging. Ich zählte auf, was mich belastete, mich verletzte, mich traurig machte. Die erste Frage, die mein Therapeut stellte, lautete: »Warum lächeln Sie eigentlich, wenn Sie gerade so viel auszuhalten haben?«

Verblüfft hielt ich inne. Es war mir überhaupt nicht bewusst gewesen. Ich denke, dass wir Frauen keineswegs aus purer Lebensfreude lächeln. Wir lächeln für die Harmonie in der Familie, für die gute Stimmung am Arbeitsplatz und sogar in unangenehmen Situationen zur Deeskalation. »Sei ein braves Mädchen!« – »Sei freundlich.« Diese Sätze haben viele von uns schon als Kleinkind gehört.

Frauen lächeln so häufig, dass es Mitmenschen tatsächlich irritiert, wenn sie mal entspannt oder gar ernst gucken. Gibt es eine Frau, die noch nicht die Aufforderung »Lächel doch mal!« erhalten hat? Bestsellerautorin Maja Göpel *(Unsere Welt neu denken)* wurde im Talk aus Berlin von Jörg Thadeusz sogar gefragt, warum sie auf dem Buchcover so ernst schaue, sie hätte doch bestimmt auch Fotos, auf denen sie lächele? Niemand hätte einem männlichen Autor diese Frage gestellt. Schon gar nicht, wenn sein Buch ein ernstes Thema behandelt. Ich finde, die Freiheit, nur zu lächeln, wenn uns danach zumute ist, sollten wir unbedingt auf die Gleichberechtigungsagenda packen, oder? Da muss ich bei meinen Söhnen noch länger in die Lehre gehen.

Ach, und ich wünschte, ich könnte mir eine Scheibe Körperselbstbewusstsein bei Sohn Nummer zwei abschneiden: »Ich pose nicht unter der Gartendusche. Das kommt euch nur so vor, weil ich so gut aussehe.«

Nachahmenswert empfinde ich auch seine Fähigkeit, für sich zu sorgen, auf die eigenen Bedürfnisse zu hören, es sich gut gehen zu lassen. Ob das nach einem langen Sporttag ein Eisbecher mit einem extra Schlag Nutella obendrauf ist oder ein Saunaabend auf Kosten des Familienabendessens. Selfcare praktizierte er schon, als ich den Begriff noch gar nicht kannte.

Sohn Nummer drei bewundere ich für sein logisches Denkvermögen, seine Ausdauer, sich in Sachverhalte einzuarbeiten, seine Gabe, in schwierigen Situationen einen kühlen Kopf zu bewahren, und ich danke ihm dafür, dass er mich ausbremst, wenn ich handele, ohne vorher zu überlegen: »Nein, Mami! Wir nehmen nicht die Frau mit, die so einsam an der Bushaltestelle steht. Auch wenn heute Heiligabend ist.« So habe ich, wenn ich allein bin, immer öfter seine Stimme im Kopf.

Und wir, Sohn Nummer eins, zwei, drei und ich, wünschen uns allesamt eine Portion von dem ausgeglichenen und liebevollen Temperament unseres Jüngsten, seiner ausdauernden Lebensfreude und Fröhlichkeit. »Warum sollte ich schlechte Laune haben, wenn ich glücklich bin und meine Familie so lieb habe?«

Dazu bin ich durch all die Jungs, Ziehsöhne und deren Freunde, die bei uns ein und aus gehen, lockerer, gelassener und offener geworden. Ob in Geschmacksangelegenheiten – blau gefärbte oder abrasierte Haare, flächendeckende Tattoos oder der Trend-Drink »Kalte Muschi«, bestehend aus Rotwein und Cola, mir ist alles recht, zumindest solange ich Letzteres nicht selbst trinken muss – oder manierentechnisch: »Ich esse einfach mit den Händen, weil in Afrika das alle machen, Mami!«

Heute weiß ich: Das sind, wie Trotzanfälle, nur weitere Phasen in einem spannenden Jungsleben. Die meisten gehören zur Selbstfindung und gehen auch wieder vorbei. Und wenn nicht: Jedem Tierchen sein Pläsierchen.

Apropos Selbstfindung. Früher fühlte ich mich immer und für alles verantwortlich, was meine Söhne verzapften. Und habe aus Unsicherheit viel Überflüssiges versucht, um meine Söhne wieder »in die Spur« zu bringen. Denn das ist ja die Aufgabe der Mutter, wie die Gesellschaft uns ständig suggeriert. Egal ob ein wütender Zweijähriger seinem Mitspieler in der Sandkiste die Schaufel über den Kopf zieht, ein Sechstklässler nur Fünfen schreibt oder ein Teenager Drogen nimmt, steht eines im Raum: Da hat die Mutter wohl in der Erziehung versagt! Gefahr in Verzug – bitte handeln!

Auch meine Jungs haben an der einen oder anderen Stelle Probleme gehabt. Aus Unsicherheit und unter vorwurfsvollen Blicken habe ich sie zum ADHS-, zum IQ-Test und zur Ergotherapie geschleppt. Inzwischen ist mir klar: Mütter sind weder allmächtig noch für alles verantwortlich, was die Kinder veranstalten. Kinder sind Wesen mit eigenen Ideen, mit eigenem Willen, mit persönlicher Entwicklungsgeschwindigkeit und typischen »Spleens« – so wie wir alle. Und daher würde ich ihnen heute den Raum für ihren ganz eigenen Lebensweg geben, statt ihnen durch Tests und Therapien womöglich das Gefühl zu vermitteln: Du bist falsch.

Männer, die an Supermarktkassen toben oder aus dem Auto fluchen, kann ich lächelnd ignorieren. Sie erinnern mich an meine dreijährigen Söhne, die sich wutschnaubend auf den Boden warfen, weil sie kein Überraschungsei an der Kasse bekamen oder sich allein die Schuhe anziehen mussten.

Tja, jeder hat seine eigene Entwicklungsgeschwindigkeit. Und manchmal sind wir alle eben auch wieder Kind.

Generell, so scheint es, sind meine Söhne recht zufrieden mit meiner Entwicklung. Ich sei heute gechillter als früher, sagen sie. Und viel abgehärteter. Sie haben recht. Wenn sie sich heute gegenseitig auf den Boden werfen oder schreiend miteinander kämpfen, frage ich weder nach dem Grund, noch gehe ich dazwischen, sondern bitte sie nur noch, die Tür zu schließen, weil es mir zu laut ist. Und müsste ich heute Nummer vier mitten in der Nacht auf dem Kiez von der Davidswache abholen, oder würde ein Polizist ihn mir an die Tür bringen, weil er im Supermarkt geklaut hat, so würde ich nicht mehr in Panik verfallen.

Ich pinkele zwar noch immer nicht im Stehen, aber wer weiß: Vielleicht kommt das noch, und ich entwickele ähnliche Glücksgefühle wie beim Rausschleudern von Schimpfwörtern? Da kann ich teilweise schon ganz ordentlich mithalten und war ehrlich überrascht, wie gut es tun kann. Nach jahrelangen Ermahnungen rund um böse Wörter finde ich heute: Mal so richtig alles rauslassen à la »Jungs, das war heute ein verpisster Scheiß-Arschlochtag« befreit. Einfach mal ausprobieren. Allerdings, um meine Mitmenschen zu schonen, gilt für mich auch hier natürlich: Ich tue das nur im vertrauten Kreis, zu dem Sie jetzt zählen, oder allein.

Ich kann mir vorstellen, dass ich auch künftig wenig Spaß daran finde, fröhlich Vulva-Witze in die Runde zu werfen. Aber etwas weniger Scham gegenüber den eigenen Geschlechtsteilen könnte uns Frauen sicher nicht schaden, oder? Daran arbeite ich.

Ich habe gelernt, dass manche Argumentationsketten wie »Komm abends nicht so spät nach Hause – das ist gefährlich« schwachsinnig sind. Meine scharfsinnigen Jungs haben sie sofort knallhart auseinandergenommen: »Was ist um drei Uhr nachts gefährlicher als um zwei?«

Heute erkläre ich meinem Jüngsten: »Ich mache mir Sorgen, wenn du nachts allein unterwegs bist. Können wir abmachen, dass du dein Handy anlässt und in Gruppen von Partys nach Hause kommst? Das ist sicherer.«

Und wenn mein Sohn die Musik beim Duschen so laut aufdreht, dass ich spontan in die Luft gehe, erkläre ich ihm einen Moment später, dass ich einen anstrengenden Tag hatte und meine Nerven deshalb etwas strapaziert waren, statt ihn zu beschuldigen, ständig zu viel Lärm zu machen.

Dieser ehrliche Umgang miteinander trägt nicht nur dazu bei, dass wir uns gegenseitig besser verstehen und harmonischer zusammenleben. Die klaren Aussagen helfen und halfen mir auch im täglichen Leben, im Job, bei Verhandlungen und auch bei den Gesprächen mit meiner gerade erst verstorbenen Mutter. Sie wurde fünfundneunzig.

Apropos verstehen. Da hatte ich neulich ein Schlüsselerlebnis mit meinem syrischen Ziehsohn Moaaz. Durch seine äußerst ruhige und zurückhaltende Art und seine durch den Glauben geprägte Lebensweise liegt seine Schnittmenge mit meinen Jungs grob geschätzt unter fünf Prozent. Und auch Moaaz und ich unterscheiden uns sehr in unserem Temperament und der Lebensgeschwindigkeit. Wir diskutieren bis heute viel über Glauben und Lebensentwürfe. Und sehr häufig fällt es mir schwer, seine Gedanken nachzuvollziehen und ihn zu verstehen. Als wir bei einem Kaffee auf der Terrasse saßen, sagte er nach mehreren Minuten des Schweigens: »Das Leben ist eine Vase. Verstehst du, was ich meine?«

Kurz guckte ich ihn irritiert an, dann platzte es aus mir heraus: »Nein, ich verstehe nicht, warum das Leben eine Vase ist. Und ich verstehe auch gerade nicht, wie du denkst, handelst und lebst.«

Ich hielt inne, erschrocken über die Worte, die völlig eigenständig und ohne weitere Abstimmung mit meiner Vernunft meinen Mund verlassen hatten. Wieso hatte ich so genervt reagiert? Vielleicht hatte Moaaz mich einfach auf dem falschen Fuß erwischt. Vielleicht war mein Verständnis-Fass an diesem Tag übergelaufen.

»Nicht verstehen« – dafür gibt es nicht nur für Mütter, sondern auch in Beziehungen die Höchststrafe, oder?

Und deshalb war auch ich, bevor es an diesem Tag aus mir herauspolterte, immer bemüht gewesen, alle zu verstehen, die mir am nächsten sind: Moaaz, meine Söhne, meine jeweiligen Partner. Und selbst wenn ich mal überhaupt nix verstand, gab ich es oft einfach vor. Der menschliche Wunsch, zu verstehen, und die Sehnsucht, verstanden zu werden, sind groß. Der Satz »Ich verstehe dich!«, der geht runter wie ein Schluck Aperol Spritz an einem lauen Sommerabend. Aber die »Vase« überschritt meine »Ich möchte verstehen«-Grenze. Es lag mir am Herzen, Moaaz dies zu erklären, um ihn mit meinem überraschenden Geständnis nicht zu verletzen.

Während ich ihm all das sagte, sah Moaaz mich überrascht an. »Das Leben ist nur eine Phase ...«, wiederholte er geduldig.

Okay. Jetzt ergab der Satz zumindest Sinn. Denn der Gedanke, dass unsere Zeit auf der Erde nur eine Phase, eine Zwischenstation ist, bestenfalls auf dem Weg ins Paradies, gehört zu den Grundsätzen des islamischen Glaubens. Trotzdem: An diesem Abend traute ich mich endlich, meine Ich-verstehe-alles-Maske endgültig abzunehmen.

»Ich verstehe dich und häufig auch meine Söhne nicht«, fuhr ich fort. »Aber ich muss euch auch nicht verstehen, um euch zu lieben.«

Ich hörte mich sprechen und war erstaunt über die verborgenen Weisheiten, die sich da gerade ans Tageslicht drängelten. Moaaz nickte und lächelte mich an. Wir umarmten uns, und er zuckelte davon.

Als er fort war, schnappte ich mir die Hundeleine und ging mit Carlo eine Gassirunde. Beim Gang durch den Park dachte ich noch einmal über das Gespräch mit Moaaz nach. Könnte es einer der größten Irrtümer sein, anzunehmen, dass wir Menschen, die wir lieben, automatisch auch verstehen müssen? Und weil es sich so gut anfühlt, einander ähnlich zu sein, ebenso wie sie zu fühlen, zu denken, zu handeln? Und weil wir ja so wahnsinnig aufgeschlossen und tolerant sind, täuschen wir Verständnis vor und geraten dadurch manchmal ganz schön tief in die Schwindelspirale: »Ich finde es auch total spannend herauszufinden, wie ein PC aufgebaut ist, wozu Zentraleinheit und Prozessor dienen.« – »Oh ja, ich kann total verstehen, wie du dich gerade fühlst.« – »Ja, es muss wahnsinnig schön sein, drei Wochen mit einem Buch am Pool zu liegen.« – »Voll verständlich, dass du das Studium kurz vor dem Abschluss abgebrochen hast.«

Wirklich?

Mit der Zeit wird das Vorspielen des »großen Verständnisses« immer anstrengender, man lässt nach, und irgendwann platzt die Wahrheit raus. Die Folge: Trennung. Die Begründung: Er/Sie versteht mich einfach nicht mehr. Aber Verstehen und Lieben haben wenig miteinander zu tun, da bin ich mir voll und ganz sicher. Wenn mein Hund Carlo im Busch verschwindet, um eklige Abfälle zu verschlingen, und danach alles erbricht, um es erneut aufzufressen, kann ich das wirklich überhaupt nicht verstehen! Trotzdem bin ich krass verliebt in sein hübsches Jagdhundgesicht, bin begeistert von seinem Charakter und seinem freundlichen Wesen. Er ist der perfekte vierbeinige Begleiter. Wir haben beide Freude daran, durch die Natur zu streifen. Wichtig erscheint mir also weniger, dass man sich versteht, als dass man etwas miteinander macht, was allen Beteiligten gefällt. Und dass man sich zuhört. »Ich verstehe dich nicht, aber ich interessiere mich für dich. Warum ist das für dich so? Welche Gedanken hast du dazu?«

Ich verstehe nicht, warum meine Söhne sich an Teppichstangen hängen und sich in Klimmzügen daran hochziehen. Ich verstehe nicht, warum sie vor dem Spiegel posend ihre Muskeln bewundern. Ich verstehe nicht, warum sie auf eine Riesenportion Schoko-Eis noch zwei Esslöffel Nutella draufklatschen.

Diese Liste könnte ich endlos weiterführen. Ich würde sagen: Ich betrachte voller Liebe, mit einer Art zoologischem Interesse und manchmal mit radikaler Akzeptanz, was so um mich herum passiert. Den Anspruch aber, alles zu verstehen, habe ich über die Jahre anscheinend losgelassen. Ein sehr befreiendes Gefühl! Was ich mir allerdings wünsche, wäre ein gut funktionierendes Mutter-Echolot. Auch wenn es mir häufig schwerfällt, Verhalten, Emotionen und Stimmungen nachzuvollziehen, möchte ich das Gespür für die Untiefen und Tiefen in ihrem Leben haben. Ich wünsche mir für uns: Gefühl füreinander, um im richtigen Moment am richtigen Ort zu sein, die passenden Worte zu finden, nicht nur beim Länderspiel. Die Titanic wäre nicht gesunken, wenn es damals schon ein Echolot gegeben hätte, das den Eisberg angezeigt hätte.

Im Sommer diesen Jahres haben wir wieder unsere Tür geöffnet. Und diesmal zog tatsächlich Anna, eine dreiundzwanzigjährige Frau, bei uns ein. Vor ihr hatte nicht nur Moaaz bei uns gelebt, sondern auch ein junger Fußballspieler, der als Airbnb-Gast kam und dann gleich für sieben Monate in der Familie blieb. Manchmal frage ich mich schon, ob mir jemand einen geheimnisvollen Magneten in die Tasche geschmuggelt hat, der männliche Wesen anzieht. Anna war vor dem Krieg in der Ukraine geflüchtet und wird nun vorerst in unserer Familie leben. Ich freute mich auf diese neue Erfahrung. Aber da war auch eine kleine Unsicherheit, ob ich alles richtig machen würde. Und kaum habe ich diesen Satz geschrieben, wundere ich mich über mich selbst. Ja, es ist so: Ich fühle mich nach so vielen Jahren mit Jungs langsam unsicher im Umgang mit Mädchen. Verrückt, oder? Ich dachte, ich hätte mittlerweile gelernt, dass ich gar nicht alles richtig machen *muss*. Hab ich auch, aber da hat mein Unterbewusstsein mal wieder kurz das Ruder übernommen.

Meine vier Wilden sind groß geworden. Die Pflaster, mit denen ich sie heute verarzte, helfen gegen Pubertätsunsicherheit, Liebeskummer, Jobprobleme und vielleicht eines Tages auch, um ihre eigenen Erziehungssorgen zu mildern. Sollten meine Jungs mich später als Väter um Rat fragen, so wäre das eine große Auszeichnung für unsere gemeinsamen Jahre.

Immer häufiger frage ich nun sie um Rat oder bitte um ihre Hilfe: im Umgang mit der Technik oder mit dem pubertierenden Bruder. Dazu erhalte ich auch ungefragt weise Denkanstöße. Vor einiger Zeit sagte einer von ihnen: »Ich weiß, warum du immer so viel Stress hast. Weil du ihn dir selber machst.«

Ein weiterer Schlüsselmoment.

Seitdem arbeite ich noch mehr an meinem Zeitmanagement, versuche, mich weniger zu verzetteln mit all den Punkten auf meiner To-do-Liste. Ich gucke genauer hin: Was ist in diesem Moment notwendig? Muss ich wirklich genau jetzt Staub saugen oder den Geschirrspüler ausräumen? Oder sind das Gespräch mit meinem Sohn, eine kleine Lese-Auszeit oder ein Spaziergang am Elbstrand mit meinem Hund wichtiger?

Das Leben im testosterongeschwängerten Klima hat mir gutgetan, und heute fühle ich mich stärker als je zuvor. Nicht nur, weil ich jahrelang Zentner von Lebensmitteln geschleppt habe, sondern vor allem, weil ich es durch alle Stürme des Lebens hindurch geschafft habe, vier wunderbare Jungs heranzuziehen, Familie und Haushalt zu organisieren, daneben zu lernen, Jobideen zu entwickeln, Reisereportagen und Bücher zu schreiben. Mit der wachsenden Zahl an Söhnen hat sich wie durch einen magischen Zaubertrank konstant auch meine Belastungsgrenze nach oben verschoben. Ich habe meine Kraft und mein Potenzial erkannt.

Und – ganz wichtig: Ich habe erfahren und verstanden, dass eine Beziehung sich keineswegs auflöst, nur weil man wenig spricht. Da gibt es so viele andere Ebenen. Und um mich später im Rollstuhl durch den Park oder am Elbstrand entlangzuschieben, braucht es sowieso mehr Muskeln als Worte.

Ich fühle mich vorbereitet – auch auf einen Haufen Enkelkinder. Ich werde dann die Oma sein, die Softair-Pistolen und Laserschwerter zu Weihnachten schenkt, weil man Jungs sowieso nicht vom Kämpfen abhalten kann. Da fällt mir gerade ein: Wie konnte ich überhaupt jemals zwischendurch vergessen, dass ein Schwitzkasten zur Begrüßung eben ein Liebesbeweis sein kann? Ich habe diese Erfahrung mit körperlichen Auseinandersetzungen, Schrägstrich Liebesbekundungen, ja schon selbst gemacht. Das liegt zwar rund fünfzig Jahre zurück. Aber es spricht für sich, dass ich mich bis heute lebhaft daran erinnere. Also: Matthias lauerte mir nach Unterrichtsschluss auf, verfolgte mich auf dem Nachhauseweg und fuchtelte mit einem Büschel Brennnesseln um meine nackten Beine herum. Ich fand das keineswegs so lustig wie mein Klassenkamerad. Meine Beine brannten wie Feuer. Weinend lief ich nach Hause und ließ Matthias verdutzt zurück. Am nächsten Tag steckte er mir mit rotem Kopf eine kleine Karte in den Ranzen – die Einladung zu seinem Kindergeburtstag. Letzte Woche habe ich diese Geschichte Sohn Nummer zwei erzählt. Und was sagte er dazu lachend: »Normal! Erinnerst du dich? Ich habe Amelie richtig fest in den Arm gebissen, einen Tag später haben wir dann geheiratet – in der Sandkiste im Kindergarten.«

Schon verrückt, das Leben mit Jungs!

Eins ist sicher: Hätte ich meine Jungs nicht, ich müsste sie mir erfinden.

Dank

Vielen Dank an alle Mütter, Frauen, (Über-)Lebenskünstle-
rinnnen, meine Leserinnen!

Wie schön, dass ich Sie für mein Jungsthema begeistern
kann und Sie dieses Buch in den Händen halten. So oft im
Leben beschäftigen uns Frauen doch die gleichen Themen.
Herzenswunsch meiner Arbeit ist, diese mit Ihnen zu teilen.

Überhaupt wünsche ich mir, dass wir Frauen noch mehr
Bande bilden, uns als Lebensexpertinnen ehrlich austauschen
und inspirieren. Ich würde mich sehr freuen, wenn wir uns
in geheimer Verbundenheit zwischen den Zeilen treffen, auf
einer meiner Lesungen ins Gespräch kommen oder ich auf
Instagram von Ihren Erfahrungen lesen kann. Gemeinsam
sind wir stärker.

Ein großes, dickes Dankeschön geht natürlich an meine Söhne:
Danke, Jungs, für eure Erlaubnis, die Familientür einen Spalt-
breit zu öffnen und anderen einen Einblick zu geben in unser
Leben mit all seinen Höhen, Tiefen und Turbulenzen. Hey,
Jungs, ich gebe zu, es ist zwar manchmal ein wenig anstrengend, aber – danke! Dafür, dass ihr mich immer wieder aufs
Neue herausfordert mit eurem wachen Geist, eurer Neugier,
euren kritischen und bereichernden Gedanken und auch für
den Schubs aus meiner Komfortzone, gedanklich und körper-

lich … Ich danke euch für all die vergnügten, wilden, innigen, stürmischen Momente, fürs Miteinander- und Aneinander-Wachsen und für euren Humor, der uns in vielen brenzligen Situationen rettet – und damit meine ich keineswegs nur den manchmal leicht angebrannten Backmischung-Geburtstags-kuchen, den ihr seit zig Jahren (meist) kommentarlos ver-drückt, weil ihr eben wisst, dass »Kochen einfach nicht so Mamas Ding ist«. Ebenfalls danke ich euch für eure Geduld, wenn ich euch trotz guter Vorsätze doch wieder mit Wort-schwällen und »Mutter-Emotionen« überschütte oder euch nerve, weil ich meine Gluckensorgen nicht unter Kontrolle bekomme. Damit müsst ihr wohl leben, so wie ich mit eurer Risikofreude, euren Raufereien und speziellen Witzen …

Ohne Frage: Ihr haltet mich nicht nur fit, sondern auch mein Emotionskarussell ganz schön in Bewegung. Und das Wichtigste überhaupt: Eine Hand im Matsch und eine Hand im Himmel. Wie hätte ich jemals von diesem Maß von Liebe erfahren? Schön, dass es euch gibt!

Ich möchte mich auch bei all den Menschen bedanken, die mich bei der Arbeit an diesem Buch unterstützt haben. Anke Gasch, die mich als Freundin und Schreibberaterin nun schon zum vierten Mal als Erstleserin begleitet hat: Liebe Anke, danke für die Ermutigung, die Inspiration, deinen Positive-Energie-Power-Cocktail, wenn's zwischendurch mal wieder hakt. Was wäre ich nur ohne dich! Meinem Verlag und meiner Verlagsleiterin Wiebke Rossa: Danke für den Anstoß und die Idee zu diesem Jungsbuch, ohne dich hätte ich dieses Herzens-projekt vielleicht nie realisiert. Mein Agent Lars Schultze-Kossack: Lars, unsere Was-machen-wir-als-Nächstes-Treffen sind so lustig wie inspirierend. Mal schauen, was für spannende Projekte wir noch gemeinsam aushecken. Erziehungswissenschaftler und Jungsexperte Dr. Reinhard Winter: Was für ein Glück, dass ich beim Recherchieren auf YouTube Ihren Vortrag gefunden habe. Eine Offenbarung für mich! Danke für die erhellenden Gespräche. Heike Kleen: Liebe Heike, wieder habe ich wunderbare Gedankenanstöße in deinen Artikeln und Büchern gefunden. Danke! Meine Redakteurin Angela Kuepper: Großartig, was du immer wieder aus dem Text und mir herauskitzelst. Deine Anmerkungen und Anregungen sind ein großer Gewinn! Jugend- und Kinderpsychologin Gundula Göbel: Vielen Dank für die Zeit, unsere Telefonate und den wertvollen Austausch auch bei diesem Buch!

Mein Hund Carlo: Du bist der Einzige, der hier im Haus bedingungslos tut, was ich möchte. Danke für treue neun Jahre.

Und schließlich, auch wenn ich mich wiederhole: einen dicken Dank ans Leben, das es so gut mit mir meint.

Quellenverzeichnis

Kapitel 1

Kerstin Schuld: Autos und Laster. Wieso? Weshalb? Warum? Junior Band 11, Ravensburg 2004

Gundula Göbel, Kinder- und Jugendlichen-Psychotherapeutin, https://gundula-goebel.de [22.01.2023]

Kapitel 2

Daniela Mocker: »Warum Jungen in der Schule auf der Strecke bleiben.« In: Spektrum.de v. 03.07.2015; https://www.spektrum.de/news/warum-jungen-in-der-schule-auf-der-strecke-bleiben/1353755 [22.01.2023]

Die Wilden Kerle. SamFilmGmbH, Croco Film, Buena Vista International Film Produktion, 2003

Kapitel 3

Dr. Reinhard Winter, Gespräch vom 30.09.2022

Kapitel 4

Heike Kleen: Geständnisse einer Teilzeitfeministin. Mein Verstand ist willig, aber der Alltag macht mich schwach. Hamburg 2021, S. 11

Kapitel 5

Mario Förster: »Die Mutter Sohn Beziehung – Mütter und Söhne im Fokus«.

In: Netpapa – die ganze Welt der Väter vom 09.01.2023; https://www.net-papa.de/entwicklung/die-mutter-sohn-beziehung/ [22.01.2023]

Dr. Reinhard Winter, Gespräch vom 30.09.2022

Simone Blaß: »Wenn Eltern zu viel reden«. In: t-online vom 28.06.2010; https://www.t-online.de/leben/familie/erziehung/id_42104422/ wenn-eltern-zu-viel-reden-diskussionen-koennen-auch-schaden.html [25.01.2023]

BildungsTV: Dr. Reinhard Winter: »Buben brauchen klare Ansagen«. Vortrag im Rahmen des JAKO-O Familienkongresses in Bad Ischl. In: YouTube vom 27.11.2017; https://www.youtube.com/watch?v=-acxgArXWlA [25.01.2023]

Kapitel 6

Eva Marie v. Münch: »Hausfrauen-Ehe abgeschafft«. In: Zeit Online vom 15.10.1976;
https://www.zeit.de/1976/43/hausfrauen-ehe-abgeschafft [25.01.2023]

Kapitel 7

»Super Ball«. In: Wikipedia, 2020; https://en.wikipedia.org/wiki/Super_Ball [25.01.2023]

Kapitel 8

Kerstin Löwe, Katja Schmiedeskamp: Anton will Prinzessin sein. Köln 2022

Martina Reinegger: Airline-Analyse »Warum im Cockpit noch immer so wenige Frauen sitzen«

In: Der Standard vom 30.08.2019; https://www.derstandard.de/story 2000107806467/warum-im-cockpit-noch-immer-so-wenige-frauen-sitzen [25.01.2023]

The Danish Girl. Produktion: Artémetis Productions, Pretty Pictures, ReVision Pictures, Working Title Films. Großbritannien, Deutschland, USA 2015/2016

Kapitel 10

Sarah Gibbons: »Haben nur Mütter einen Mutterinstinkt? Forscher geben Antworten«.
In: National Geographic vom 11.05.2018; https://www.nationalgeographic.
de/wissenschaft/2018/05/haben-nur-muetter-einen-mutterinstinkt-
forscher-geben-antworten [25.01.2023]

Statistisches Bundesamt: Säuglingssterblichkeit in Deutschland (1872–
2020). In: BiB 2022; https://www.bib.bund.de/DE/Fakten/Fakt/S10-
Saeuglingssterblichkeit-ab-1872.html [25.01.2023]

o. V. : »Süchtig nach Süßigkeiten? Wie viel pro Tag ist okay?« In: RTL
News vom 13.12.2020;
https://www.rtl.de/cms/suechtig-nach-suessigkeiten-wie-viel-suesses-
pro-tag-okay-ist-und-wie-sie-die-zuckersucht-bekaempfen-4666869.
html [25.01.2023]

Kapitel 11

Danny Kringiel: »Der Darmwindkönig von Paris«. In: Spiegel Geschichte
vom 22.08.2012; https://www.spiegel.de/geschichte/kunstpupser-
joseph-pujol-petomane-im-moulin-rouge-paris-a-947686.html

RatgeberTVcom: »Lustige Videos – Der Kunstfurzer (1899), in YouTube,
2021; https://youtu.be/rBJnrfOCD38 [25.01.2023]

Mister Methane auf TikTok: https://www.tiktok.com/discover/mister-
methane?lang=de-DE [25.01.2023]

Die Welt von »Gregs Tagebuch«: https://www.gregstagebuch.de
[25.01.2023]

Heike Kleen: »Viva la Vulva«. In: Spiegel Gesundheit vom 31.12.2018;
https://www.spiegel.de/gesundheit/sex/weibliche-geschlechtsteile-
viva-la-vulva-a-1239242.html [25.01.2023]

Kapitel 12

oschu1000: »Erziehung des jungen Elefantenbullen«. In: YouTube
vom 13.12.2017; https://www.youtube.com/watch?v=tkSxcKcZMJk
[25.01.2023]

BildungsTV: Dr. Reinhard Winter: »Buben brauchen klare Ansagen«.
Vortrag im Rahmen des JAKO-O Familienkongresses in Bad Ischl.

In: YouTube vom 27.11.2017; https://www.youtube.com/watch?v=-acxgArXWlA [25.01.2023]

Kapitel 13

Tanguy – Der Nesthocker. Spielfilm. Les Productions du Champ Poirier, TF1 Filmproductions, TPS Cinéma und Téléma, 2001

Kapitel 14

Nadja Ayoub: »Hitziger Klima-Talk: Maja Göpel straft Moderator für unterirdische Fragen ab«. In: Utopia, 30.11.2020; https://utopia.de/maja-gopel-jorg-thadeusz-klima-214500/ [25.01.2023]